떼이야르 드 샤르댕의
신학사상

ROBERT L. FARICY, S.J.
Teilhard de Chardin's Theology of the Christian in the World
© Sheed and Ward, New York 1967

Translated by LEE Hong-Keun
© Benedict Press, Waegwan, Korea 1972

떼이야르 드 샤르댕의 신학 사상
1972년 9월 초판
2001년 4월 신정판(5쇄)
2012년 7월 6쇄
옮긴이 · 이홍근 ǀ 펴낸이 · 이형우
ⓒ 분도출판사

등록 · 1962년 5월 7일 라15호
718-806 경북 칠곡군 왜관읍 왜관리 134의 1
왜관 본사 · 전화 054-970-2400 · 팩스 054-971-0179
서울 지사 · 전화 02-2266-3605 · 팩스 02-2271-3605
www.bundobook.co.kr
ISBN 89-419-7064-4 03230
값 9,000원

로버트 패리시

떼이야르 드 샤르댕의 신학사상
神과 世俗

이홍근 옮김

분 도 출 판 사

머 리 말

본서의 목적은 떼이야르 드 샤르댕의 여러 작품에서 다루어지고 있는 중심 과제인 "인간의 노력과 그리스도교 계시와의 관계"를 개괄적으로 고찰함에 있다. 떼이야르가 많은 편지·논설·저서들을 쓴 것은 "인류의 발전을 위한 활동"과 "구원을 위한 활동"이 뜻하는 바를 현대인이 공감할 수 있는 방법을 통해 하나로 종합하려고 기도했기 때문이다. 인간 노력에 대한 신학적 반성인 "인간 노력의 크리스천 신학"은 세계가 진화한다는 현대적인 관념을 낳게 하였다.

이러한 신학적 사고는 떼이야르의 저작들 속에 단편적으로 나타나 있다. 아마도 그가 인간활동의 종교적 가치에 대해 자신의 견해를 가장 완벽하게 피력한 저작은 1927년에 씌어진 「신神의 영역領域」 *The Divine Milieu*일 것이다. 그러나 이 저서는 신학 작품이라기보다는 오히려 영성靈性의 분위기를 풍기는 논문이다. 이 저작이 폭넓은 견해를 전개하기도 하나, 그 견해의 밑받침이 되는 신학적 지주支柱나, 이에 수반되는 신학적 문제를 종합적으로 다루지 못하였다. 더구나 떼이야르의 종교적 사상은 해를 거듭할수록 발전해 갔다. 그가 과거에 「신의 영역」에서 논술한 바를 그의 생애 말기에 가서 읽어보았을 때 그는 놀라지 않을 수 없었다. 자신의 그리스도-우주적 비전 Christo-cosmic vision이 지닌 모든 중요 특성이 그때 이미 잘 정돈되었기 때문이다. 그러나 그는 자신의 우주관이 얼마나 모호하고 불분명했던가를 알고 다시 한번 놀랐다. 진화사상과 우주적 수렴收斂사상에 대한 중요한 개요, 복잡화 의식의 법칙, 오메가 점 등이 초기에는 그에게 명료하지 못한 개념들이었다.

본서는 우주(그리스도가 그 초점이 되고 있는) 안에서 인간활동이 차지하는 위치를 논한 떼이야르의 사상에서 그 단편적인 요소들을 종합하려는 것이다. 따라서 그의 사상에 나타나 있는 전반적인 견해나 그 어떤 견해를 공박하거나 옹호하려는 것이 아니고, 오직 그가 매우 중시한 문제에 대한 그의 견해를 조리있게 개요하려는 것이다. 떼이야르의 견해가 모든 크리스천의 흥미를 끌 수는 없겠지만, 그것은 여하튼 그리스도교적 견해이고, 이에 따라 거대한 그리스도교적 사상체계 안에서 제나름의 위치를 차지함에는 틀림없다. 발타사르Hans Urs von Balthasar는 하나의 공통된 그리스도교적 견해뿐 아니라 크리스천 생활의 본질에 관한 개별적 통찰도 있음을 시사했다.

떼이야르는 크리스천 생활에 관한 자신의 개별적인 견해를 서술하였다. 그것은 현대적인 이해였다. 떼이야르야말로 현대의 인간이었고, 이에 따라 그의 견해는 수많은 현대인의 심금을 울리고 있다. 그렇기는 하나, 떼이야르는 자신의 견해야말로 그리스도교적인 견해요 20세기 크리스천에게 타당하고 유일한 견해라고 할 수는 없다. 떼이야르의 견해는 한 크리스천의 인간관이요 세계관이다. 그러나 그것은 세심하게 고찰하고 신중하게 다루어야 할 견해이다.

이 책을 내는 데 친절히 도와주고 격려해 준 라킨Ernest E. Larkin, 캄 O. Carm 신부에게 감사한다. 또 아직 출판되지 않은 떼이야르의 작품을 이용할 수 있게 해준 예수회 파리 관구에 감사한다. 나는 떼이야르의 미출판 작품을 연구할 때, 무니Christopher F. Mooney, S.J. 신부가 모아둔 원고를 이용하였다. 무니 신부가 근래『떼이야르 드 샤르댕과 그리스도의 신비』Teilhard de Chardin and the Mystery of Christ (Harper and Row, 1966)라는 저서를 내놓았는데, 그 책이 출판되기에 앞서 그 원고가 나에게 도움이 되었다. 나는 무니 신부가 여러 차례의 대화와 자기의 저서로 나를 도와준 데 대해 특별히 감사를 표한다. 또 원고 정리를 도와준 요셉Emily Joseph, S.S.J. 수녀와 듀랑Marilyn Durrant 부인, 떼이야르의 저작에서 인용문을 뽑아내는 일을 도와준 하퍼Harper and Row 출판사의 윅Fred Wieck 씨에게 감사한다. 끝으로 이 책을 출판하는 데 특별히 돌봐준 로젠필드Harry K. Rosenfield 씨에게 감사한다.

아울러 피에르 떼이야르 드 샤르댕의 작품을 출판하여 그 판권을 소유하고 있는 하퍼 출판사가 아래에 실린 떼이야르 드 샤르댕의 저서를 인용하도록 허락한 데 대하여 감사한다.

① *The Divine Milieu* (1960)
② *Letters from a Traveller* (1962)
③ *The Future of Man* (1964)
④ *Hymn of the Universe* (1965)
⑤ *The Phenomenon of Man* (1959)
⑥ *The Appearance of Man* (1965)
⑦ *The Making of a Mind* (1965)
⑧ *Man's Place in Nature* (1966)
⑨ *The Vision of the Past* (1967)
⑩ *Writings in Time of War* (1968)

(상기한 떼이야르 저서의 판권은 콜린스Wm. Collins Sons & Co. (London) 출판사와 하퍼Harper and Row (New York) 출판사가 함께 소유하고 있다.)

또한 파리의 세울Seuil 출판사, 콜린스 출판사와 하퍼 출판사가 떼이야르의 아래 저작을 인용하도록 허락한 데에도 감사한다: *L'energie humaine; L'activation de L'energie; Science et Christ; La parole attendue; Le Christ Evoluteur.*

차 례

머리말 ··· 5
책이름 약어 ·· 11

1 두 신앙의 문제 ······································ 13
　인간적 견해와 그 한계 ······························ 17
　그리스도교와 현대의 무신앙 ························ 25
　두 신앙의 문제 ····································· 33
　떼이야르의 사상 개요 ······························ 37
2 진화와 그 방향 ····································· 39
　떼이야르의 과학적 진화현상론의 성격과 방법 ······ 42
　복잡화 의식의 법칙 ································ 46
　진화에 있어서의 인간의 위치 ····················· 52
　정신권 ·· 56
　개인과 사회 ·· 61
　수렴하는 진화 ····································· 68
　오메가 점 ·· 72
3 의미있는 우주 ······································ 79
　계시의 개연성과 그리스도교의 현상 ··············· 84
　그리스도교 신앙과 신학적 방법 ···················· 89
　생동하는 교회 ····································· 94
　그리스도-오메가 Christ-Omega ··················· 98
　우주의 중심인 역사적 그리스도 ·················· 103

9

4 창조, 인간의 노력, 성찬 ······················· 109
　인간의 노력과 창조의 신학 ················· 113
　창조적 합일 ······································ 116
　그리스도 안에서의 창조 ····················· 121
　우주적 그리스도 ······························· 126
　크리스천과 신의 창조행위와의 합일 ······ 130
　인간의 활동과 그리스도의 충만 ··········· 133
　세상의 미사 ······································ 138
　성찬과 우주 ······································ 142
5 악에 대한 승리 ································· 147
　악의 문제 ·· 150
　죄 ·· 155
　원죄와 그리스도교의 견해 ·················· 161
　원죄에 관한 떼이야르의 견해 ·············· 164
　구속 ·· 169
　십자가: 실재와 상징 ·························· 173
6 그리스도교적인 노력 ························ 177
　정복의 윤리 ······································ 179
　순결과 인격의 통일성 ························ 185
　진화의 기본 에너지인 사랑 ················· 188
　그리스도교적 사랑 ···························· 196
　인간의 노력과 그리스도교적 초탈 ········ 201
　감퇴와 그리스도교적 초탈 ·················· 208
　그리스도교적 성화 ···························· 213
7 그리스도의 재림 ······························· 215

책이름 약어

AM: *The Appearance of Man* (J. Cohen 역).

Archives: H. de Lubac, S.J., "Maurice Blondel et le Pére Teilhard de Chardin, mémoires échangés en décembre 1919", *Archives de philosophie* 24 (1961) 123-56.

Cuenot: C. Cuénot, *Teilhard de Chardin* (V. Colimore 역).

DM: *The Divine Milieu* (B. Wall, A. Dru, N. Lindsay, D. Mac-Kinnon 등등 번역).

Ecrits: *Ecrits du temps de la guerre* (1916~1919).

FM: *The Future of Man* (N. Denny 역).

HU: *Hymn of the Universe* (S. Bartholomew 역).

LT: *Letters from a Traveller* (B. Wall, R. Hague, V. Hammersley, N. Lindsay 등 번역).

MM: *The Making of a Mind* (R. Hague 역).

MPN: *Man's Place in Nature* (R. Hague 역).

OE 6: *L'energie humaine*, vol.6 of the "Oeuvres de Pierre Teilhard de Chardin".

OE 7: *L'activation de l'energie*, vol.7 of the "Oeuvres de Pierre Teilhard de Chardin".

OE 9: *Science and Christ*, vol.9 of the "Oeuvres de Pierre Teilhard de Chardin".

PM: *The Phenomenon of Man* (B. Wall 역).

VP: *The Vision of the Past* (J. Cohen 역).

두 신앙의 문제

피에르 떼이야르 드 샤르댕은 성직자 및 과학자로서 신을 섬기는 인간인 동시에 현대의 인간이었다. 그는 일생을 바쳐 그리스도와 현대 정신을 종합하는 과업에 매진하였다. 그가 필생의 노력을 다하여 사색하고 저술하고 또 사람들에게 전달한 바가 바로 이 종합의 문제였다. 그는 1차 대전 초기, 즉 사제로 서품된 지 몇 년 후, 그러니까 그가 프랑스 군대에 징집되어 복무할 때를 비롯하여 프랑스, 중국, 아프리카 및 미국에서 오랫동안 지질학자와 고생물학자로서의 다채로운 경력을 지내고, 1955년 그가 죽을 때까지 줄곧 이 문제를 거론했던 것이다.

그는 1916년, 어느 친구에게 보낸 편지에, 그리스도와 현대 정신의 화해는 "언제나 나의 내적 생활에서 난제가 되고 있습니다. 나는 진보와 초탈과의 조화, 이 거대한 세계에 대한 타당하고 정열적인 사랑과 천국에 대한 성실한 탐구와의 조화를 두고 말합니다"[1]라고 썼다. 그는 다시 "내가 우주를 사랑하는 것이 바로 그리스도께 위대한 사랑을 바치는 것이 되기를 바랍니다. 그것이 몽상이나 신神에 대한 모독이 되겠습니까? 신과의 합일 및 세계와의 합일이 이루어지지 않고는 세계를 통해 신과 합일할 수는 없지 않습니까?"[2]라고 말하였다. 신에 대한 사랑과 세계에 대한 사랑, 이 두 경향이 합일

---

[1] 1916년 3월 15일자 편지(H. de Lubac, *La pensee religieuse de Pere Teilhard de Chardin*, 349에 인용되어 있음).

[2] 1916년 3월 15일자 편지(동상 350).

한 경우에, 그는 내적 생활에서 투쟁하고 진보할 책임이 생겼던 것이다.[3] 정확히 말해서, 그는 그 당시의 사상과 관심사에 깊이 관여했기 때문에 "근본적으로 단일화된 세계 및 그리스도 개념"에서 균형잡힌 내적 생활을 찾을 수 있었고, 이에 따라 "내적 평화와 무한한 발전의 여지"[4]를 발견하였다. 떼이야르는 자신의 이중적 생의 임무 — 신에 대한 사랑과 세계에 대한 사랑 — 를 하나로 묶으려는 내적 노력을 통하여, 사상과 활동을 합일하려는 현대 인류의 노력에 개별적으로 참여함을 느꼈다.[5] 즉, 떼이야르는 자신의 개인적인 문제 해답이 오늘날 전인류가 당면한 거대한 정신적 문제의 개요적인 해답을 축소한 것이라고 생각하였다.

떼이야르의 개인적 신앙의 독창성은 흔히 상반되는 것으로 알려진 두 부문의 생활 영역에 그 근거를 두는 데 있다. 그는 성직자요 과학자라는 이중적 임무를 지니고 있으므로, 그리스도교 신앙과 현대 문명을 종합할 수 있는 특수 위치에 서 있었던 것이다. 그는 자신의 사상 범주와 감정이 이 두 세계의 한가운데에 자리잡고 있음을 체험을 통해 분명히 깨닫고, 이 두 세계를 결코 분리하지 않았다. 오히려 그는 자신을 끌어당기는 두 힘이 서로 보강함으로써 신과 세속에 대한 신앙이 날로 두터워졌다고 말할 수 있었다. 그는 자신의 개인적 생애야말로 오늘날 인류의 선구자들이 고심하는 거대한 정신적 문제 해결의 스케치라고 생각하였다.[6]

그런데 이 두 세계를 종합하려는 떼이야르의 노력은 동일한 대상을 고찰하는 관점에 따라 여러 국면을 엿보이고 있다. 즉, 신에 대

---

[3] "Le coeur de la matière" (1950) 24.

[4] "Mon univers" (1924), (*Science and Christ*, 65-6에 있음 — 이후 *Science and Christ*는 *OE* 9로 표기).

[5] "Le Christique" (1955) 1.

[6] "Comment je crois" (1934) 1. "The Heart of the Problem" (1949): *The Future of Man*(영어판) 261 (이후 *The Future of Man*은 *FM*으로 표기).

한 사랑과 현세에 대한 사랑을, 그리스도께 대한 신앙과 인간에 대한 신앙을, 종교와 과학을, 그리스도교적 초탈과 현세에의 몰두를, 신의 나라와 인간의 업적을 종합하려는 노력이다.

떼이야르는 처음으로 집필할 때부터 줄곧 그리스도교와 현세의 진보를 위한 활동이 서로 조화되어야 한다고 지적하고 있다.

떼이야르의 견해로 말하면, 그리스도와 우주는 매우 긴밀한 관계를 맺고 있으므로 양자 중 하나를 받아들이면 필연적으로 다른 것도 받아들이는 것이 되고, 하나와 결합하면 자연히 다른 것과도 결합하게 되며, 또 철두철미하게 인간적이 되지 않고서는 온전한 크리스천이 될 수 없다는 것이다.[7] 그는 「신의 왕국과 현세 지배」*The Kingdom of God and the Mastery of the World*라는 논문에서 종교와 현세적 진보를 피라미드의 꼭대기와 밑바닥으로 비유하였다.

이 양자는 "서로 혼동될 수도 분리될 수도 없다. 이 양자는 합일하여 제나름의 생명을 연장하고 서로 의지하고 보완할 수 있도록 마련되었다. 이원성二元性이 우리 시대에 들어와서 명백하게 된 만큼 그것을 극복하는 과업도 우리의 책임이다".[8] 떼이야르는 이 이원성과 종합의 필요성을 1929년과 그 이후에 "그리스도교적인 견해"와 "인간적인 견해"라는 용어를 빌려 표현하고 있다.[9]*

---

[7] "La vie cosmique" (1919): *Ecrits du temps de la guerre* (1916~1919) 46(이후 *Ecrits*로 표기).

[8] "La maîtrise du monde et le règne de Dieu" (1916): *Ecrits* 80; "A Note on Progress" (1920): *FM* 11-24.

[9] "Intégration de l'homme dans l'univers" (1930).

* 떼이야르 신부는 "sens humain", "sens de la consistance", "sens cosmique", "sens de la terre" 및 "sens Christique" 등 여러 가지 용어를 거의 같은 뜻으로 사용하고 있는데, 본서의 저자인 패리시 신부는 그 중 "sens humain"을 "human point of view"(인간적인 견해)로 번역한 것이다. 그런데 패리시 신부는 떼이야르가 확실히 sens humain과 sens Christique를 동일한 것으로 생각하였으나, 이 양자간에는 개념상의 차이가 있다고 한다. 즉, sens Christique(그리스도교적 견해)는 sens humain(인간적 견해)의 그리스도교적인 발전 형태라고 말한다 — 역자 주.

오늘날 인류의 고민거리가 되고 있는 정신적 갈등은 수없이 많은 사소한 의견과, 또 신앙을 전혀 가지지 않은 무기력한 사람들의 집단 때문에 생긴 것이 아니라, 정신과 감정이 두 범주로 철저하게 구분됨에서 생기는 것 같다. 이 두 범주는, ① 정신적인 상태나 혹은 현세 밖에 있는 절대적 목적을 소망하는 사람들과, ② 현세 세계 안에 살면서 이 세계의 완성을 바라는 사람들이다.

전자는 단연코 오랜 역사를 지니고 있으며, 초월적인 위격신位格神을 신봉하는 그리스도교 신자들이 그 탁월한 대표가 되고 있다.

후자는 세계를 비위격적이고 내재적인 어떤 실재라고 인정하고, 여러 가지 이유로 세속에 헌신하고 봉사하는 사람들의 집단으로서, 그 기원을 최근에 두고 있다. 신의 봉사자와 세속의 봉사자 사이의 이 상충相衝은 인류 역사를 통해 줄곧 계속되어 왔으나, 진화론이 대두된 후 세속의 봉사자들은 분발하여 끝없는 희망과 노력과 헌신을 불러일으켜 주는 진실한 종교를 신봉하게 되었다.

우리는 현세를 경멸하고 무시해야 할 것인가? 그렇지 않으면 현세를 정복하고 완성해야 할 것인가? 인류는 바로 이 순간에도 두 개념, 즉 상반되는 두 신비주의로 분열되고, 이에 따라 인간의 활동력은 여지없이 약화되고 있다. 나는 이것이야말로 우리가 직면하고 있는 어떤 경제적·정치적 또는 사회적 투쟁보다 훨씬 더 심각한 성격을 띤 위기라고 생각한다.[10]

"인간적 견해"에서 시작하여 상반되는 두 신비주의, 즉 실재에 대한 두 가지 해석을 잠시 고찰하는 것이 종합의 필요성을 더욱 깊이 탐구하는 데 도움이 될 것이다.

---

[10] "Some Reflections on Progress" (1941): *FM* 76-7.

인간적 견해와 그 한계

떼이야르가 사용하는 "인간적 견해"라는 용어는 현대인의 전체적인 관점을 가리키는 말이다. 그런데 현대인이라 함은 떼르뚤리아누스가 말한 바와같이, "본성적으로 그리스도교적 정신을 가진 인간"이다. 떼이야르가 서술한 "인간적 견해"는 현세 사상에 대한 의식으로서, 이것은 생장력을 지니면서 미래와 동일한 차원을 가질 뿐 아니라, 미래에 대하여 책임이 있는 유기적인 통일체를 이룬다.[11] "인간적 견해의 발전은 비교적 근래에 와서 된 일이고, 이것이 대두되어 발전함에 따라서 사상의 틀, 특히 서구 문명의 사상적 범주에 일대 변혁이 일어났다."

"인간적 견해"의 발전 과정에는 세 가지 중요한 단계가 있다.[12] 일반적으로 말해서 현대 우주관은 코페르니쿠스적 전환에 근거를 두고 있다. 지구가 태양의 주위를 회전한다고 인정하는 것만으로 기계적인 지구 중심적 우주관은 붕괴되었고, "신비스러운 천체의 힘은 사라지고 인간은 전적으로 재고되어야 할 무정형無定形의 거대한 덩어리, 다시 말해서 무질서와 혼돈 속에 잠긴 우주와 직면하게 되었다".[13]

제2기에 속하는 18세기와 19세기에는 여러 방면으로 발생genesis에 관한 연구가 시작되었다. 즉, 생물학과 동물학에 있어서 유전의 연구, 사회제도의 발생과 역사관의 발생에 관한 연구가 그것이다.

---

[11] "Le sens humain" (1929) 1.

[12] "Du cosmos à la cosmogénèse" (1951): *L'activation de l'energie*, vol.7 of the "Oeuvres de Pierre Teilhard de Chardin" 261-5(이후 *OE* 7로 표기).

[13] "Du cosmos à la cosmogénèse" (1951): *OE* 7, 262.

마지막으로 현대의 진화론이 대두되어 발전·보급되었다. 이와 때를 같이하여 현대 물리학과 화학 등 새로운 학문이 생겨나고, 이것에 힘입어 "인간적 견해"가 형성되었다. "인간적 견해"란 세계 ― 가일층 복잡화 및 유기화하면서 시공時空 안의 한 통일체로서 미래를 향해 진화하는 세계 ― 에 대한 개념이다. 사실 그것은 결코 단순한 견해가 아니다. 그것은 인간, 세계, 진보에 대한 일종의 신앙이며, 따라서 미래의 건설을 위한 봉사와 자기 희생의 숭고한 임무다. 그러므로 사실상 그것은 일종의 새로운 종교다. 그것은 "바로 이 순간에도 자기 발견을 위해 결정적인 고비를 넘기고 있는 현세의 종교적 힘이다".[14] 이 새로운 현세 종교가 주장하는 교리는 부조리할지 모르나, 그것의 윤리적 방향은 매우 명확하다. 그 윤리적 방향이란 개인의 이익보다 공동선을 앞세움과 인간활동의 가치와 잠재력에 대한 신념, 갖가지 형태의 탐구를 중시함이다.[15]

1929년에서 1936년까지 떼이야르는 현대의 "세속종교"가 지니는 종교적 중요성에 심취하였다. 1932년에 쓴 어떤 논문에서 서양의 자연종교, 즉 서양의 신비주의를 동양의 신비주의와 비교한 것은 놀랄 일이 아니다.[16] 폭넓게 말해서 동양의 신비주의에 따르면, 다양한 사물과 욕망은 인간이 빠져서는 안될 악몽이다. 따라서 인간은 알고, 사랑하고, 우리의 개성을 더욱 발전시키려는 노력을 되도록 억제해야 한다. 왜냐하면 이러한 노력은 악몽을 더욱 강하게 하기 때문이다. 사물의 다양성을 억제함으로써 얻는 정적靜寂 속에서 인간은 유일한 실체에 도달한다.

이와 같은 신비주의는 인간의 건설적 활동을 단념하게 하고, 세계가 근본적으로 무의미함을 긍정할 뿐이다.

---

[14] "Le sens humain" (1927) 7.

[15] "L'incroyance moderne" (1933): *OE* 9, 150-1.

[16] "La route de l'ouest" (1932).

떼이야르는 이와 같은 동양의 신비주의에 관한 개요적인 서술에 서양적 경향을 대립시킨다. 종합을 얻으려는 노력은 동양의 신비사상에 있어서도 그러했던 것처럼, 현대 서구세계의 신비사상에 있어서도 그 중심 과제가 되고 있다. 그러나 그 방법이 매우 다르다. 과학적인 탐구사상과 진화론적인 시간 관념의 지배를 받고 사는 현대 서구 문명인이 다수를 하나로 묶으려는 건설적 노력을 통하여 종합을 이루는 것은 당연한 일이다. 이것은 결코 다양성의 부정이 아니라 다양에서 하나를 이끌어내는 것이다. 발전하고 수렴하는 단일의 사상만이 탐구와 진보를 그 토대로 삼고 있는 현대 종교와 윤리의 기초가 될 수 있다. 인간활동의 진가를 아는 현대인은 오직 더욱 훌륭한 미래의 건설을 위한 활동을 지도하고, 세계 건설에 적극적으로 참여하도록 하기 위해 가하는 통제 외에는 그 어떤 제한도 받기를 원하지 않는다. "서양의 신비사상은 우주의 어떤 궁극적 통일을 지향하는 건설과 정복의 신비주의다."[17] 인간과 움직이는 전체 우주의 단일성에 관한 떼이야르의 "인간적 견해"는 현대의 "세속종교"[18]에 의하여 밝혀지고 있다. 현대 정신은 새로운 두 가지 차원을 가지고 있다. 그것은 우주관과 미래관이다. 현대인은 우주의 무한한 공간과 통일성을 발견한 후 새로운 우주관을 가지게 되었고, 시간의 무한성과 비非주기적 성격을 알게 된 후 세계는 무한히 진보할 수 있다는 미래관을 가지게 되었다. 우주를 하나의 통일체로 보는 우주관과 진보의 가능성을 믿는 미래관은 현실과 신앙을 포괄하는 견해로서, 떼이야르의 경우 종교의 근본 요소가 된다.

그런데 떼이야르는 현대 정신이 "근본적으로 종교적인 정신", 즉 새로운 "세속종교"의 정신이라고 인식하였다. 어떤 이들이 생각하

---

[17] "Le Christianisme dans le monde" (1933): *OE* 9, 135-7.

[18] "Esquisse d'un univers personnel" (1936): *OE* 6, 69-114. "Quelques réflexions sur la conversion du monde" (1936): *OE* 9, 157-66.

는 것처럼 세계가 날로 종교에 무관심해지고 있다는 사실은 문제가 되지 않는다. "사실 세계는 한번도 종교열이 상승일로에 있은 적이 없었다. 그런데 오늘날 세계는 아직까지 그렇게 뚜렷하거나 사람의 마음을 끌 정도는 못 되지만, 그래도 새로 타오르는 불길로 열렬해지기 시작했다. 그것은 바로 진화적인 세계 건설과 관련된 어떤 구원의 신념과 희망이다. 아니 현대세계는 결코 비종교적이 아니라 전혀 그 반대다."[19] 그리스도교가 이단과도, 이교離敎와도, 외교사상과도 대결하지 않는 것은 그 역사상 지금이 처음이다. 오늘날 그리스도교가 대결하고 있는 것은 발전도상에 있는 새로운 "현세의 종교"다.[20] 떼이야르는 현대의 "세속종교"와 그리스도교와의 대결이야말로 현대의 종교적 난제라고 생각했다.

세속종교는 과학적 신비사상, 즉 과학의 탐구와 정복에 바탕을 둔 진보에 대한 맹목적 신앙 — 이것은 끝없는 미래의 희망과 보조를 맞추고 있다 — 에 근거를 두고 있다. 떼이야르는 1939년에 "과학종교"*가 마르크시즘·파시즘·나치즘 등 당시의 많은 유물론적 철학과 전체주의 사회의 모든 이데올로기를 근간으로 삼고 있다고 서술한 바 있다.[21] 그러나 과학종교의 실제적인 결과가 이전보다 더욱 밝게 드러나게 되자 진보에 대한 맹목적인 신앙은 흔들리게 되었다. 즉, 과학종교에서 지적·윤리적 위기를 발견하게 되었다. 이리하여 진보에 대한 신앙을 의심하는 이들이 생긴다. 사실 떼이야르도 "과학종교"가 힘을 잃고 있다[22]고 언급하고 있다. 그런데 그의 작품을 살펴보면 1939년까지 세속종교가 위기에 처해 있고, 과학에

---

[19] "Christianisme et évolution" (1945) 1-2.

[20] "Quelques réflexions sur la conversion du monde" (1936): *OE* 9, 157-9.

* religion of science(과학의 탐구와 진보로 세계를 발전시키며 인류의 무한한 미래를 건설할 수 있다고 전망하고 기대하는 일종의 현세적 신념 — 역자 주).

[21] "La mystique de la science" (1939): *OE* 6, 203-23.

[22] *OE* 6, 219.

대한 맹목적 신념이 활기를 잃자 두 신앙의 문제는 복잡하게 된다. 세속종교가 겪는 윤리적·지적 위기는 불안으로 나타나고, 이에 따라 떼이야르는 세속의 신앙을 서술함과 동시에 현대의 불안을 분석하고 있다. 떼이야르는 『인간의 현상』에서 이 불안은 인간의 의식과 밀접한 관계가 있고, 따라서 인간이 존재한 때부터 그것도 함께 존재함을 인정하고 있다. 그러나 현대의 불안은 실상 이 정도로 그치는 것이 아니다. 그것은 현대인이 시공時空 및 증대하는 인간의 사회화를 너무나 급작스레 직면하게 된 것과도 다소 관계가 있다. "의식적이건 무의식적이건, 억압된 고뇌(존재의 근본적인 고뇌)는 인간의 심정 속에 속속들이 스며 있고, 모든 대화의 저류底流를 이루고 있다. 그렇다고 고뇌의 원인을 분명히 인식하는 것도 아니다. 오히려 이와는 반대다. 여하튼 우리를 위협하는 것도 있고 우리가 언제나 몹시 아쉬워하는 것도 있지만, 그것이 무엇인지를 정확히 말할 수가 없다."[23]

1949년에서 1954년 사이에 쓴 여러 논문에서 그는 현대의 불안을 분석하고 있다. 인류가 수백만 년을 경과하는 동안 지표면에 팽창·확산되어 오다가 별안간 압축기에 들어섰다. 그 결과 우수한 종족은 집단을 형성하게 되었고, 본연적이고 고립된 생활은 이제 도시와 공장에서는 찾아볼 수 없게 되었다. 사업은 점차로 교환의 형태로 바뀌었고 개인은 점점 집단화, 기계화, 비인간화하였다.[24]

더욱 심각한 문제는 현대인이 겪고 있는 실존의 보편 상황이다. 광대무변한 공간, 무한소의 물질 구조, 무한대의 우주 구조, 과거로는 수백만 년, 미래로는 무한정하게 연장될 끝없는 시간의 축은 인

---

[23] *The Phenomenon of Man*(이후 *PM*으로 표기, 영어판) 226. *Man's Place in Nature*(이후 *MPN*으로 표기) 100-4.

[24] "Réflexions sur la compression humaine" (1953): *OE* 7 357-8; "The Singularities of the Human Species" (1954): *The Appearance of Man*(영어판) 208-9(이후 *AM*으로 표기).

간을 압도하고 있다. 더구나 인간은 — 우주가 비록 넓기는 하지만 — 시간과 공간의 제약을 받고 있다. 그뿐 아니라 인간은 자신의 운명을 여러 가지 방법으로 결정지어 주고, 가장 내밀한 자아에까지 영향을 미치는 불안한 세계에 살고 있는 나약한 존재임을 깨닫고 있다. 또 거대한 인간 집단, 쉽게 이루어지지 않는 타인과의 의사소통, 비인격적이고도 맹목적인 인간 제도의 비타협성이 인간을 위협하고 있다. 현대인은 이 모든 상황에 직면하여 두려워하고 있다.[25]

 이 공포의 근원은 무엇인가? 인간이 당면하고 있는 현재의 불안 및 고민의 핵심은 무엇인가? 떼이야르는 그의 저서『인간의 현상』의 부분에서 현대의 불안을 다루고 있는데, 그는 여기서 인간의 불안이 결국 죽음의 공포, 즉 인류의 멸망에 대한 공포라고 지적하고 있다. 다시 말해서 그것은 단순히 미래에 대한 공포가 아니라, 근본적으로 미래가 없을 것이라는 공포다.

> 미래? 그러나 누가 우리에게 그것을 보증할 수 있겠는가? 아마 전 우주사를 통하여 최초로 미래를 비관적으로 전망하는 인류가 만일 미래에 대한 그럴듯한 보증이 없다면 어떻게 살아갈 수 있겠는가?
> 사멸에 대한 공포증 — 폐쇄감에서 오는 고뇌.
> 이제도 우리는 마음의 아픈 상처를 매만지고 있다.
> 우리가 살고 있는 세계가 특히 "현대적"이 된 것은 바로 현대인이 세계의 진화를 알았기 때문이다. 그리고 내가 덧붙여 말할 수 있다는 것은 현대세계를 근본적으로 불안하게 하는 것이 무엇인지 확실하지 않고, 또 진화에 상응하는 결과가 생기리라고 확신할 수 있을는지도 의문이라는 것이다.[26]

---

[25] "Un phénomène de contre-évolution en biologie humaine, ou la peur de l'existence" (1949): *OE* 7, 189-97.

[26] *PM* 228. "The End of the Species" (1953): *FM* 298-303.

인류는 진로가 막힌 것같이 보이는 폐쇄된 우주에서 출구를 찾지 못하고 있다. 떼이야르는 지하에 갇힌 광부들의 비유를 여러 번 사용하였다. 광부들이 수갱竪坑으로 기어오르려 하기 전에 두 가지 점을 확인해야 한다는 것이다. 첫째, 수갱의 가장자리에 출구가 있는가이고, 그 다음, 출구의 바깥쪽에 광선과 신선한 공기가 있는가를 확인함이다. 이와 마찬가지로 오늘날의 인류도 힘드는 노력, 즉 인간 진보를 위한 수고를 쉬지 않고 치러야 할 현실에 놓여 있다. 세계의 진로가 막혔다고 생각되거나, 전멸로 그 종말을 고한다고 생각되거나, 혹은 전혀 미래를 향한 통로나 출구가 없다면, 인간의 노력도 있을 수 없다.[27] 대부분의 사람들은 인생은 수고할 가치가 있는가?라고 묻지 않는다. 삶에는 자연히 노력이 따른다. 그런데 아직도 생각해 볼 문제는 남아 있고, 인간의 발전을 위해 짊어져야 할 노고가 무겁고 클수록 이 문제는 더욱더 심각해질 것이다. 인간은 오랫동안 보존될 그 무엇을 만들어내고 있는가? 그렇지 않으면 인간의 노력이 아무 가치없이 되고 말 것인가? 결국 개인이나 지구의 종말이 아니라, 전우주의 종말이 있기 때문에 인간 노력의 결과가 헛되다고 한다면, 인간의 활동은 근본적으로 중단되고 말 것이다. "인간의 자유의지는 영구적인 성과를 바라서가 아니면 움직일 수 없다."[28]

이리하여 인간은 삶의 가치 유무에 대한 문제를 진지하게 다루기 시작했다. 수세기에 걸쳐 현대인이 선조들보다 달라진 것은 더욱 위대하고 패기찬 노력으로 자연을 정복함에 있는 것만은 아니다. 오히려 현대인은 그들의 선조들보다 더욱 큰 불안과 고민에 사로잡혀 있다는 점이다. 이것은 인간이 수행하는 활동을 스스로가 더욱 잘 깨닫고 있는 증거다. 그러므로 인간은 이러한 활동이 어디로 향

---

[27] "Le phénomène chrétien" (1950) 5.   [28] "Mon univers" (1924): *OE* 9, 70.

해 진행되고 있는가를 알 뿐 아니라, 어떠한 출구가 있느냐 없느냐를 아는 것이 중요함을 절실히 깨닫고 있다. 인간은 나이가 차면 의문을 가진다. 이때 자신이 처해 있는 상황을 비판하게 된다. 따라서 만일 이 세대가 패쇄된 것으로 보이거나 현세의 진보를 위한 활동에 상응하는 결과를 얻지 못한다면, 현세를 위한 노력과 봉사는 중단되고 말 것이다. 만일 인간이 모든 인간 의식의 전멸, 즉 앞을 가로막는 벽을 미래의 그 어느 때에 만나리라고 예견한다면, 인간활동의 기본 동기는 사라지고, 이에 따라 노력도 중지되고 말 것이다. "인간은 결코 막다른 곳을 향해서 전진하지는 않을 것이다. 바로 여기에 인간의 불안을 야기시키는 고뇌가 있다."[29]

현대인이 당면하고 있는 불안의 요인은 바로 미래의 불확실성, 인간의 진로가 봉쇄될지도 모른다는 두려움, 인간의 모든 의식이 미래의 전멸을 가져올지 모른다는 공포심, 전방을 가로막는 벽에 대한 두려움이다. 떼이야르는 1955년 죽기 몇 달 전, 이른바 "죽음의 장벽"에 대하여 언급하였다. 즉, 인류가 죽음의 장벽을 의식하면 할수록, 그것이 무너질 수 있다는 어떤 증거도 더욱 확실해야 한다는 것이다.[30]

세계, 진보, 인간에 대한 신념은 그것 자체만으로는 부족하다. "세속종교"가 홀로 서 있으면 절름발이격이 된다. 왜냐하면 그것만으로는 인간의 노력이 영구성을 지니게 될 수도 없거니와, 미래를 향하여 우주의 진로를 터놓을 수도 없기 때문이다. 인간은 진보할수록 "진보는 어디에서 끝날 것인가?"라는 의문이 더욱 심각해진다.

---

[29] *PM* 229. "L'esprit de la terre" (1931): *OE* 6, 50.

[30] "Barrière de la mort et co-réflexion" (1955): *OE* 7, 419-29.

그리스도교와 현대의 무신앙

떼이야르는 현대 그리스도교에 대한 분석의 일부분으로서 세속종교와 그 한계에 대하여 분석하고 있다. 진보의 종교는 그것이 지닌 모호성과, 또 그것 자체로서는 인류의 노력이 성공적인 결과를 가져오리라는 보증을 할 수 없기 때문에 근본적으로 불완전한 것처럼, 20세기의 그리스도교 역시 심각한 결점을 지니고 있다. 그러나 이 결점은 그리스도교 자체에 있는 것이 아니고 그리스도교의 표현 방법 및 이해 방법에 있는 것이다.

떼이야르는 제1차 세계대전중에 쓴 여러 논문에서 세계가 점점 그리스도교적 성격을 잃고 있는 듯한 이유가 무엇인지를 묻고 있다.[31] 그리스도교를 배척하는 이유는 사람들이 진리를 충실히 따르지 않거나, 아량이 없거나, 충분히 사랑하지 못하거나, 아니면 그릇된 사랑을 가지기 때문에 결국 그리스도를 배척한다는 전통적인 해명을 붙인다. 이것은 그리스도교가 이단, 불가지론, 현대의 이교 정신을 설명하는 일반적인 태도다. 즉, 결점은 그리스도교의 메시지에 있는 것이 아니라 그것을 배척하는 사람들에게 있다는 것이다.

그러나 20세기에 들어와서 그리스도교를 배척하는 사람들이 점점 많아지는 것 같다. 왜냐하면 사람들은 많은 것을 받아들일 아량이 있으나 교회는 그들에게 요구하는 것이 별로 없고, 사람들은 더욱 크고 위대한 사랑을 발휘하고자 하나 그리스도교는 그들에게 위대한 사랑을 베푸는 것 같지 않기 때문이다. 더욱이 성실하고 참된 종교인들이 조직적인 그리스도교를 배척하는 이유는 그들이 옹졸하기

---

[31] "La vie cosmique" (1916): *Ecrits* 42-6. "La maîtrise du monde et le règne de Dieu" (1916): *Ecrits* 73-6.

때문이 아니라 그리스도교가 그들에게는 너무도 융통성이 없어 보이기 때문이다. 다시 말해서 그리스도교는 그들의 욕망을 충분히 채울 수 없기 때문이다. 이 종교인들의 본연적인 사랑이 사라진 것도 식은 것도 아니다. 그 사랑은 오직 그리스도교의 이상보다 더욱 고상하고 순수하며 더욱 인간적인 어떤 이상을 지향한다. 많은 사람들은 그리스도교가 현실생활과는 별로 관계가 없는 것같이 생각하고, 따라서 현실문제와 유리되어 있는 신앙으로 알고 있다. 따라서 그리스도교는 일부분의 사람들에게는 필요하고 의미가 있으나, 모든 사람들에게 보편적으로 필요한 것은 아니라고 생각한다. "우리는 속지 말자. 그 그리스도교의 이상은 이제 인류의 공동이상은 아니다. 수많은 사람들은 그리스도교를 매우 비인간적이고 열등한 종교로 생각하고 있다."[32]

그리스도교 메시지가 이기적인 개인주의와 개인 구원에 대한 관심을 조장하는 반면 세계의 공동노력에 대한 관심을 말살시킨다고 생각하는 사람들이 매우 많다. 20세기에 들어와서 사람들은 자신보다 사회정의에, 초탈보다 활동과 진보에, 극기보다 인간 능력의 개발에 더욱 관심을 쏟고 있다. "인간적"이란 개념과 "그리스도교적"이란 개념은 서로 일치하지 않는 별개의 개념처럼 생각되었다.

사람들이 그리스도교의 메시지에 무관심해진 것은 그리스도교가 이해하기 어렵거나 너무 고답적이기 때문이 아니다. 힘을 가진 종교로 생각되지 않기 때문이다. 그리스도교가 옛날에는 큰 힘으로 나타났지만 오늘날은 오히려 무거운 짐이나 속박의 사슬처럼 생각되어 기피당하고 있다. 그리스도교가 왜 현대에 들어와서 그렇게 편협하고 옹졸하고 숨통이 막힌 종교로 생각되고 있는가? 떼이야르에 의하면 "인간적 견해"가 인간의 미래에 대하여 거창한 신념을 가

---

[32] "Note pour servir a l'évangélisation des temps nouveaux" (1919): *Ecrits* 370.

짐에 반하여, 그리스도교의 복음은 현세를 경멸하는 것 같기 때문이라 한다. 현대인은 기질상으로나 정신 구조상으로 어쨌든 현세에 대한 신념을 가지고 살지만 교회는 그렇지 않다는 것이다.[33]

불신자들은 그들이 원하는 신을 찾아서 교회로 들어왔다가도, 교회가 그들의 문제나 기대에 응답하지 못하거나 또 그들이 당면하고 있는 현세적인 문제에는 별로 관심을 보이지 않는 것 같을 때는 그만 교회를 떠나고 만다. 교회가 배척을 당하는 이유는 교회의 가르침이 너무 고답적이거나 윤리가 너무 까다로워서가 아니라, 신자들이 교회에서 찾아야 할 것이 무엇인지도 깨닫지 못하면서, 교회와는 동떨어진 채 더 고상한 것만을 기대하기 때문이다.[34]

더구나 그리스도교는 비신자들에게뿐 아니라 신자들에게까지 점점 그 힘을 잃고 있다. 다시 말하면 신자들까지 인생의 전적인 의미를 그리스도교에서 찾지 못하고 있다. 그런데도 아직 많은 사람들이 그대로 신자로 머물러 있는 것은 그리스도교보다 더 나은 것이 아직은 없다고 생각하기 때문이다. 매우 많은 그리스도교 신자들이 그리스도교와 세속에 대한 신앙 사이에서 내적으로 분열되어 있다. 떼이야르는 교회가 직면하고 있는 위기에 대처하는 교회 자체의 공적인 반응을 신랄하게 비판하고 있다. 실상 교권이 과학이나 현실적인 인간 발전이나 세계 통일에 이르기까지 관심을 기울이지는 않았다. 성직자는 세계 발전, 인간 노력 및 과학적 탐구에 대한 신념을 조소하고 비난하였다. 그들은 "이제 교회에 더 바랄 것은 아무것도 없다. 모든 것이 밝혀졌으니까"라는 말마디를 교회의 좌우명으로 삼았다.[35] 그러나 이제 대부분의 성직자들이 그리스도교 생활에 있어서 인간활동의 범위가 더욱 넓어졌다고 말하고 있다. 그러나

---

[33] "Le sens humain" (1929) 8-12, 15-6; "Comment je crois" (1934) 22.

[34] "L'incroyance moderne" (1933): *OE* 9, 151-2.

[35] "Le sens humain" (1929) 10.

이들의 경우, 활동의 범위가 넓어졌다는 말은 초자연 생활에서 자연히 우러나오는 본연적 생활이 초자연 생활에 부가되었다는 뜻에 불과하다. "교회는 이때까지 현실세계와 접촉하지 않았다. 교회의 지도와 신자들의 선입 관념은 중요한 현세적 활동과는 전혀 거리가 먼 인위적인 의식, 틀에 박힌 경신행위, 신심행사 등으로 서서히 교회를 밀폐하여 외부세계와의 담을 쌓게 하였다."[36] 이 말이 우리에게 너무 과장되거나 황당하게 들릴지 모르나, 1929년 떼이야르가 Le sens humain을 쓴 당시만 하더라도 그렇게 과한 말은 아니었고, 오히려 지금도 어느 정도 타당성을 지니고 있다.[37]

간단히 말해서 현대인은 인간의 노력 및 세계 건설에 대한 신념을 가지고 살고 있다. 그러나 오늘날 그리스도교의 메시지가 제시하는 바는 전혀 이와 상반되는 방향을 지향하여 인간의 노력을 위축시키고 세계 건설을 과소평가한다. 그리스도교의 신앙은 현대의 세속종교와는 상통하지 않아 흥미를 잃어가는 것 같고, 따라서 그 터전이 흔들리고 있다. 떼이야르는 인간의 노력 및 진보에 대한 오늘날 교회의 언급을 비판함에 있어서, 그리스도교의 성성聖性을 이해하고 설명하는 방법상의 불충분성, 특히 물질세계를 경멸하는 현세도피적인 경향, 초탈에 대한 그리스도교의 그릇되고 불완전한 이해 등을 강조하고 있다. 그리스도교의 이상적 초탈은 흔히 현세도피, 즉 세속사를 떠나 초자연 생활에 몰두하기를 강조하는 동양의 신비주의에서 나온 사상이라 해석되고 있다.[38]

>고대의 전통적인 방식에 따라 말하자면, 그리스도교적 성성의 이론은 초자연과 대조되는 자연도 제나름의 완전성을 지니고 있다는 사

---

[36] "Le sens humain" (1929) 15.
[37] 제2차 바티칸 공의회 「현대세계의 사목헌장」 참조.
[38] 1953년 1월 10일자 편지(*Cuenot* 363에 인용됨).

상에 근거한다. 숫적으로 볼 때 정신은 물론 증가될 수 있지만, 질적으로 볼 때는 확산될 뿐 어떤 장소를 점유하지는 못한다. 정신은 자활하고 지속될 뿐이다. 이러한 경우 인간의 성성은 오직 초자연 생활로 도피할 때만 이루어질 수 있다. 그외에는 신의 왕국과 아무 관계가 없다. 그러므로 근본적으로 크리스천이 세속에서 초연할수록, 또 피조물을 적게 이용할수록, 영신생활에 집착할수록 더욱 완전한 크리스천이 된다.[39]

더구나 신의 창조는 전적으로 신의 일방적인 은혜gratuity고, 피조물은 전혀 우유적인 존재라는 주장은 현세에 대한 관심을 위축시키기 쉽다. 만일 인간의 활동이 무용지물이라고 확신한다면 어떻게 활동할 수 있겠는가? 현세의 발전을 위한 인간의 노력이 과연 무의미하다면 무엇 때문에 인간이 노력하겠는가?[40] 인간의 이상적 성성이 인간의 노력을 완수함에서보다 오히려 극기를 통해 물질을 지배함에서나 정적에서나 평온에서 얻어지는 것이라면, 인간의 노력과 진보는 부진하고 위축될 것이다.[41]

그리스도교는 정신적 이원성, 즉 크리스천의 임무에 대한 교회의 가르침과 현세는 허무하다는 개념간의 상충으로 고민하고 있다. 신은 인간에게 수고하여 현세를 발전시키라는 계명을 주었음도 우리는 명심해야 한다. 만일 인간의 활동 결과가 전혀 무익하고 물거품처럼 사라져버릴 것이라면, 다시 말해 인간은 마치 다람쥐 쳇바퀴 돌리듯 의미없는 삶의 동작을 되풀이하는 것뿐이라면, 무엇 때문에 인간이 자신의 삶과 활동에 열의를 가지겠는가? 현세의 발전을 위해 전력을 다 바쳐 활동하는 사람은 자신의 노력의 공적뿐 아니라

---

[39] "Note sur la notion de perfection chrétienne" (1942) 1.

[40] "Contingence de l'univers et goût humain de survivre" (1953) 3.

[41] "Introduction à la vie chrétienne" (1944) 11-2.

그 가치도 확신해야 한다. 그는 자신의 노력에 대한 신념을 가져야 한다.[42] 그리스도교는 이러한 신념을 지지하기보다는 오히려 위축시키는 것 같다. 이러한 사상은 떼이야르가 1916년 전방에서 하사관으로 복무하던 당시, 만일 현대인이 복음을 받으면 어떠한 변화를 겪을 것인지를 생각하면서 쓴 어떤 논문에 나타나 있다. 그는 그후에 쓴 편지에서 이 문제를 아래와 같이 재언하고 있다.

> 어떻게 완전한 크리스천인 동시에 완전한 인간이 될 수 있는가? 신의 뜻을 따르고 현세의 임무를 이행하기 위해 과학·철학·사회학을 연구하는 것은 아주 필요하다. 그러나 그것만으로는 부족하다. 나는 연구활동이나 직업이 소중한 것임을 깨닫지 못하거나, 전적으로 이에 기여할 필요성을 알지 못하거나, 또는 노력의 윤리적 가치 때문에가 아니라 정복욕 때문에 절대자를 향한 진보에 박차를 가한다는 것을 깨닫지 못하거나, 또 현세가 공적을 남길 기회만이 아니라 그 이상의 어떤 의미를 가지지 않는다면, 나의 삶은 자연히 미온적이 될 것이고, 세상 사람들은 내가 믿는 종교를 보고 나를 현세도피자와 미숙한 인간으로 생각할 것이다. 그렇다면 누가 감히 그들의 생각이 전혀 잘못이라고 말할 수 있겠는가?[43]

떼이야르는 1918년, 자기의 독특한 견해를 친구들에게 서술한 짧은 논설에서 자신의 견해를 종합해야 할 필요성을 강조하였고, 자기 외에도 많은 사람들이 이러한 필요성을 절감함을 확신하게 되었다.[44] 그런데 현실적이고도 실천적인 난제가 하나 있다. 그것은 세

---

[42] "La vie cosmique" (1916): *Ecrits* 45-6.

[43] 1916년 3월 15일자 편지(H. de Lubac, *La pensee religieuse du Pere Teilhard de Chardin*, 349에 인용).

[44] "Mon univers" (1918): *Ecrits* 278.

속의 초자연화가 신학자들에게 추상적인 문제 그 이상의 것을 제기한다는 점이다. 즉, 크리스천의 일상생활에 나타나는 이원성이 바로 그것이다. 우선 참된 종교생활을 원하는 크리스천은 이원론으로 인하여 자신의 인간활동이 제한되어 버린다. 크리스천은 종교생활에 필요한 "현세 초탈"과 인간생활에 필요불가결한 "세속사에 대한 관심"을 어떻게 조화시킬 것인가? 게다가 더욱 심각한 이원론의 성격을 지닌 종교적 경향이 있다. 즉, 크리스천은 경험의 세계와 계시의 초월신 사이에 사로잡혀 있음을 깨닫는다.

현대 크리스천의 정신적 갈등에 관하여 떼이야르는 「신의 영역」 제1부에서 매우 완벽하게 묘사하고 있다.[45] 그런데 한편으로 크리스천은 자신의 모든 활동이 성화될 수 있고 또 성화되어야 한다는 말을 듣는다. 이 말은 비단 종교적 활동에만 국한되는 것이 아니라 극히 세속적인 활동에까지 적용된다. 우리는 현세에서 최선을 다하여 각자의 임무를 수행해야 하고, 교회도 역시 우리가 자신의 임무를 그리스도와 결합하여 완수할 때 비로소 성화된다고 가르쳐 왔다. "교회는 가장 본성적인 활동을 포함한 모든 인간생활이 성화될 수 있다고 가르친다. … 교회는 언제나 각자의 현세적 직무, 자연 진리의 탐구 및 인간활동의 진전을 귀중하게 여기고, 이러한 것을 신 안에서 성화시키려고 노력해 왔다."[46] 그런데 또 한편으로는 현세가 내세에 비하면 아무 가치도 없다고 생각하는 크리스천이 있다. 실상 중요한 것은 현세가 아니고 내세라는 것이다. 이러한 생각만으로도 현세에 대한 인간의 관심과 취미를 말살시키기에 충분하다. 그런데 거기에다 현세는 타락했고 멸망으로 내닫고 있다는 사상까지 덧붙인다. "'완덕은 초탈에 있다. 현세는 허무와 공허뿐이다'라는 엄숙한 말을 끊임없이 읽거나 듣기를 좋아하는 신자들이 있다."[47]

---

[45] *The Divine Milieu*(이후 *DM*으로 표기) 50-6.   [46] 동상 50-1.   [47] 동상 51.

이리하여 수많은 크리스천의 심중에 갈등이 생긴다. 그들은 인생의 흥미와 모든 사물에 대한 사랑에 이끌리어 연구하고 창조한다. 그러나 그들은 모든 것보다 신을 더 사랑하고자 하기 때문에 신에 대한 충성이 현세에 대한 관심으로 인하여 분열될까봐 두려워한다. 그러나 실상 그들은 신과 현세, 이 양편으로 갈라져 살고 있다. 이리하여 어떤 이들은 신을 택하고 어떤 이들은 현세를 택한다. 그런데도 대부분의 크리스천은 내적인 통일을 얻으려는 노력을 포기해버린다. 이리하여 결코 정신적 갈등을 해소하지 못한 채 그들은 전적으로 현세에 속하지도 않고, 그렇다고 전적으로 신에게 속하지도 않은 정신적 이원론에 사로잡혀 분열된 인생을 살고 있다.[48]

---

[48] L. Bouyer (Mary Perkins Ryan 역), *Introduction to Christian Spirituality*, 143.

두 신앙의 문제

우리는 이제까지 떼이야르가 말하는 "현세종교"를 고찰했고, 이 현세종교는 미래가 보증되지 못함에서 생기는 불안으로 인하여 그 자체만으로는 불완전한 것임도 고찰했다. 그리고 그리스도교 메시지의 현대적인 표현 및 현대 크리스천의 정신적 갈등에 대한 떼이야르의 비판을 되살펴보았다. 이제 두 종교(그리스도교와 세속종교)의 종합이 필요함을 논한 떼이야르의 주장을 살펴보아야 하겠다. 이 문제에 대한 떼이야르의 사상은 3기로 나누어 고찰될 수 있다.

제1기는 1916년에서 1928년까지의 기간이다. 1차 세계대전중 군대에서 쓴 논문들도 제1기의 사상에 속한다. 이 당시 떼이야르는 두 신앙의 종합에 관한 문제가 긴급한 것임을 강조하고 있으나, 그가 사용한 용어는 이따금 부적절하고 일관성이 없으며 애매하다. 그뿐 아니라 그의 사상은 이따금 시적詩的인 형태를 띠고 있다.[49]

제2기는 특히 1929년부터 1936년까지의 기간인데, 그는 "현세종교"와 "인간적 견해"를 분석하고, 그것을 오늘날의 불완전한 "그리스도교적 견해"와 비교하고 있다.

그 다음, 그의 종교사상이 발전하고 그가 사용하던 용어가 분명하고 일관성을 지닌 시기가 제3기에 해당한다. 우리의 관심을 끄는 시기는 바로 이때이다. 1945년에서 1955년, 즉 제2차 세계대전이 끝날 무렵에서 그가 죽을 때까지 "두 종교"의 문제를 더욱 체계적으로 해명하고, 이 양자의 종합에 대하여 약술하려는 노력이 그의 저작에서 점차 두드러져 가고 있다.[50]

---

[49] "La vie cosmique" (1916): *Ecrits* 1-61; "L'éternel féminin" (1918): *Ecrits* 249-62.
[50] 1952년 3월 2일자 편지: *LT* 323-4.

떼이야르는 1945년에 쓴 「그리스도교와 진화」라는 논설에서, "신에 대한 신앙"과 "세속에 대한 신앙"이라는 용어를 빌려 처음으로 이 두 신앙의 문제를 고찰하였다.[51] 그는 2년 후에 다시 "위격신의 초월적 활동과 진화하는 세계의 본유적本有的 가완성可完性"이라는 두 가지 신앙에 대하여 논하였다.[52] 또 같은해에 예수회 동료 사제들에게 발표한 담화에서 "두 신앙의 문제"를 말하였다.[53] 진화하는 세계의 미래에 대한 신념은 전통적인 그리스도교 신앙과 상반되는 듯했고, 휴머니스트적 전진의 신비주의는 그리스도교적 상승의 신비주의와 상충되는 것으로 생각되었다. 따라서 현대 종교가 당면하고 있는 근원적인 위기는 초월신에 대한 신앙과 내재적인 세계에 대한 신앙간의 대당對當에서 찾아야 한다. 그러면 두 신앙의 문제를 어떻게 해결해야 할 것인가?[54]

무엇보다 먼저 떼이야르는 문제가 되고 있는 두 신앙이 실상 서로 대당되는 것이 아니라, 인간적이고도 그리스도교적인 신비주의의 실질적 두 구성 요소를 이루고 있음을 확신한다고 말하고 있다. 그는 이때부터 전진의 종교인 세속의 신앙과 상승의 종교인 그리스도교를 동일시하고 있다. 이 두 신앙을 종합해야 할 필요성이란 신을 향한 그리스도교적 상승운동과 미래를 향한 인간의 전진운동의 종합, 달리 말해서 신에 대한 수직적 신앙과 현세에 대한 수평적 신앙의 종합의 필요성을 말한다.[55]

1948년에서 1950년 사이에 쓴 논문들에서 떼이야르는 이 문제를 명료하게 다루고 있다.[56] 그 중에서도 특히 자기의 장상들에게 보낸

---

[51] "Christianisme et évolution" (1945).

[52] "Turmoil or Genesis?" (1947): *FM* 224. "Faith in Man" (1947): *FM* 191-2.

[53] "Sur la valeur religieuse de la recherche" (1947): *OE* 9, 260.   [54] *OE* 9, 261.

[55] 전진과 상승이라는 말마디는 프랑스어의 "l'en avant"와 "l'en haut"에 해당함.

[56] "Trois choses que je vois" (1948) 4-7; "Comment je vois" (1948) 21-4; "The Heart of the Problem" (1949): *FM* 260-9; "Le coeur de la matière" (1950) 3.

「문제의 핵심」이란 보고서에서 두 신앙의 종합이 필요함을 매우 완벽하게 서술하고 있다. 즉, 1949년 떼이야르가 로마의 장상들에게 보낸 이 보고서에서 그는 현대세계가 당면하고 있는 종교적 불안의 근원에 대하여 자신의 견해를 말한 것이다[57](그러나 그의 견해가 당시 교회당국의 주장과 일치하지 않는다는 이유로 배척되었음을 부기해 둔다). "현대세계가 당면하고 있는 매우 불안스러운 여러 국면 가운데서도 종교문제에 대한 불만은 보편성을 띨 뿐 아니라 증대일로에 있다. 우리가 오늘날의 신·인神·人관계에서 보는 것처럼, 석연치 않은 어떤 이유로 그 무엇인가 신과 인간 사이에 잘못된 점이 있는 것 같다."[58] 우리는 누구나 현세가 점차로 비그리스도화하는 인상을 받는다. 이미 말한 바 있거니와 떼이야르는 신앙의 갈등, 즉 "전진"과 "상승"의 상충이 오늘날 종교적 위기의 근원이 되고 있다고 말하였다. 이 갈등은 오늘날 진보를 위해 전진하려는 충동과, 이와는 반대로 전통적인 경신행위에 대한 충동간에서 생기는 긴장의 결과로서, 모든 사람의 심중에 다소간 의식적으로 숨어 있다. 그러나 "세속신앙"은 그 자체만으로는 정당시될 수도 없거니와, 그 신앙의 계기도 지속성이 없다. 왜냐하면 그것은 앞으로 전진할 진로도, 전체사에서 도피할 탈출구도 제공하지 못하기 때문이다. 즉, "세속신앙"만으로는 세계의 목적성을 보증할 수 없다. "간단히 말해서 세속신앙만으로는 세계가 발전되기에 부족하다. 그러나 케케묵은 옛날 방식으로 해석되는 그리스도교의 신앙이 세계 발전을 도모하는 데 충분한 역할을 할 수 있다고 확신하는가?[59] 교회는 '인간적인 것'은 그 무엇이나 그리스도화할 의무가 있다. 그렇다면 현세에 대한 신앙보다 더 인간적인 것이 무엇이겠는가? 그럼에도 불구하고 교회당국은 줄곧 이 '세속신앙'을 무시하고 단죄까지 하였다. 이리하여

---

[57] "The Heart of the Problem" (1949): *FM* 260.   [58] *FM* 260.   [59] *FM* 265.

인간적인 것은 무엇이나 받아들이지 못한 교회는 일시적이나마 충분히 인간적이 되지 못하고, 이에 따라 신자들에게는 만족을 줄 수 없었고, 비신자들을 귀의시킬 힘마저 잃고 말았던 것이다. 어찌하여 수도자, 사제, 신학생들이 많은 불안에 사로잡혀 살고 있는가? 어찌하여 많은 나라에서 교회가 노동계급을 받아들이지 못하고 차차 잃어가고 있는가? 어찌하여 수많은 전교사들이 활동하고 있는데도 교회에 귀의하는 사람들이 이처럼 적은가? 그 이유는 그리스도교의 사랑이 실효를 얻을 만한 힘을 갖추지 못한 때문이다. '인간적인 신앙과 희망' 없이는 이론상으로나 실제상으로 종교는 맥없고 냉랭하고 이질적인 것으로밖에 보이지 않는다."[60]

"세속신앙"과 그리스도교가 서로 의존하지 않고서는 완전한 발전을 기대할 수 없다. 그럼에도 불구하고 이 양자는 비타협적이고 심지어 상호 배타적인 것 같다. 그러나 떼이야르는 이와같이 심각한 대립이 실제적인가 아니면 피상적인가를 묻고 있다. 한편으로 세속신앙의 극단을 대표하는 공산주의자들까지 외래적인 신(그가 존재함으로써 현세의 존엄성이 손상되고, 인간활동의 동력이 약화되는 이른바 "위급할 때 찾는 신")은 배척한다. 크리스쳔 역시 이러한 신의 존재는 부인한다. 그러나 또 한편으로 그리스도교는 그리스도를 바탕으로 삼고, 강생에 근거를 두고 있다. 그러므로 그리스도교는 전통적으로 물질의 가치를 인정하였고, 이에 반대되는 견해를 분명히 단죄한다. 오늘날 종교적 위기의 근원이 두 신앙의 상충인 것처럼, 이 위기의 해결도 두 신앙을 종합함에서만 가능하다.

---

[60] *FM* 266.

떼이야르의 사상 개요

두 신앙을 종합하려는 떼이야르의 필생의 노력은 3단계로 구분되고, 그것은 동시에 발전하여 통일된 그리스도교적 견해를 이루고 있다.[61] 떼이야르 사상의 제1 단계는 과학적 현상론, 즉 개괄적 진화물리학이다. 이것은 그리스도교의 계시에 의존하지 않고, 오직 과학적 자료에 근거를 두고 일반적인 진화설을 체계적으로 설명하려는 것이다. 떼이야르는 진화가 일층 고도의 물질적 복잡화 및 유기화와 더불어 일층 고도의 의식을 지향한다는 것을 발견하였다. 그뿐 아니라 진화는 기존의 어떤 위격적 중심을 향하여 수렴하고 있음도 깨달았다. 따라서 우주는 어떤 구조와 방향을 가진다. 즉, 복잡화 의식의 법칙을 따라 기존하는 어떤 위격적 중심점을 향하여, 정신화의 증대를 얻기 위해 진화한다.

떼이야르 사상의 제2 단계는 진화물리학을 근거로 삼되, 계시의 자료를 이용하여 그리스도론Christology이기도 한 그리스도적 변증론으로 구성되어 있다. 떼이야르는 진화가 수렴하는 위격적 중심이 그리스도라고 한다. 수렴하는 진화의 위격적 중심, 즉 진화를 "앞으로 이끌어가는 새로운 신"과 진화를 "위로 이끌어가는 전통적인 강생의 신"인 그리스도[62]는 동일한 분이시다. 이리하여 결국 전우주는 그리스도를 향하여 진화한다. 떼이야르는 그리스도가 인간적이고 신적인 동시에, 우주적이고 세계적인 속성을 지닌다는 자신의 그리스도론이 현대의 우주 개념과 조화될 뿐 아니라, 성 바울로와 성 요

---

[61] "Quelques réflexions sur la conversion du monde" (1936): *OE* 9, 161-2.

[62] "Un sommaire de ma perspective phénoménologique du monde": *Les etudes philosophiques* 10 (1956) 569-71.

한의 가장 중요한 성경 구절 및 그리스 교부들의 신학과도 놀랄 만큼 일치한다고 생각하였다.

떼이야르는 그의 사상의 제3 단계에 들어가 적극성을 띤 윤리, 다시 말하면 인간의 노력을 강조하는 그리스도교적 신비사상을 논한다. 그는 자기의 그리스도론을 그리스도교적 신비사상의 기초로 삼는다. 그리스도는 우주 진화의 정점, 곧 진화의 수렴점이다. 이러한 사실로 미루어볼 때 그리스도 안에서 수행되는 인간 노력의 본연적 가치는 자연히 명백해진다. 천국으로 가는 가장 곧은 길은 세상을 피해 가는 길이 아니다. 우리는 앞으로 더욱 훌륭하고 완전한 세계를 건설함으로써 천국에 도달할 수 있다. 이것이 사실이라면 현세에 대한 그리스도교의 기본적인 태도도 융통성과 훨씬 동적인 경향을 지니게 될 것이다.

> 십자가는 속죄의 상징만이 아니라 고통을 통해 이루어지는 발전의 표지이기도 하다.
>
> 초탈은 결코 현세 사물에 대한 멸시와 배척을 뜻하지 않고, 인간의 노력과 순화를 뜻한다.
>
> 자아 포기는 악을 거슬러 싸우는 최후의 형태, 즉 신 안에서 이루어지는 승리의 변형이다.
>
> 사랑은 이웃의 아픈 상처를 싸매주는 것만을 요구하지 않고, 더욱 훌륭한 세계 건설과 인류 복지를 위해 헌신하도록 우리를 충동시킨다.
>
> 그리고 각자의 구원은 그것이 자신을 행복하게 하기 때문이 아니라, 자신의 구원을 통하여 각자가 세계 구원에 이바지할 수 있기 때문에 중요한 것이다.[63]

---

[63] "Quelques réflexions sur la conversion du monde" (1936): *OE* 9, 162.

②

진화와 그 방향

떼이야르 드 샤르댕 신부의 저작에 나타난 그리스도교적 신비주의는 인간 노력의 신비주의이다. 그것은 인간의 노력 및 인간의 발전에 대한 신념과 신에 대한 신앙을 종합하고 있다. 즉, 세계 건설을 통하여 신을 발견하는 것이 바로 영성spirituality이다. 이 영성은 우주의 중심인 그리스도에 관한 신학, 즉 그리스도론을 근거로 삼고 있다. 또 이 그리스도론은 그리스도교의 계시와 진화의 초물리학에 기초를 두고 있다. 진화의 초물리학이란 일종의 과학적 현상학, 또는 개괄적인 우주물리학이다.

이에 따라 떼이야르의 사상은 3단계로 구분된다. 즉, ① 과학적 진화현상론, ② 우주의 중심인 그리스도의 신학, ③ 인간 노력의 그리스도교적 신비신학이다.

이제 제2장에서는 떼이야르의 진화현상론을 개괄하고자 한다. 떼이야르 사상의 제1부에 해당하는 진화현상론에 대한 고찰은 제3장에서 논하게 될 그리스도론 연구의 길잡이 구실을 할 것이다. 떼이야르는 진화현상론과 그리스도론에서 우주의 구조를 나타나는 그대로 서술하고, 이러한 구조를 고찰함에서 그는 통일성과 일관성을 지닌 우주관을 가지게 되었다. 4장 이후의 여러 장은 떼이야르 사상의 제3부에 해당하는 것으로 인간 노력의 영성을 논한 것이다.

교회 창립 후 1,500년이란 장구한 기간을 통하여 그리스도교 교리는 당대의 사람들이 가지고 있던 우주관에 따라 설명되었다. 그리스 사람들이 생각하던 우주는 외연外延과 지속持續이 제한되고, 공간과 시간 안에 제나름으로 위치한 물체들로 구성된 세계였다. 그러나 19세기에 들어와서 코페르니쿠스적 전환과 동시에 우주관도 변하게 되었다. 즉, 차츰차츰 공간을 무한한 것으로, 시간을 유기적 지속으로 이해하게 되었고, 우주의 모든 구성 요소는 서로 의존하고, 이에 따라 각 구성 요소는 유기적인 전체와의 관련하에서만 이해될 수 있다고 생각되었다. 오늘날의 보편적 세계관은 고대와 중세의 정적인 우주관이 아니라 우주가 진화한다는 동적인 새로운 우주관이다. 제2차 바티칸 공의회의 말을 빌리자면, "실재에 대하여 정적인 개념을 가졌던 인류는 이제 동적이고 진화적인 개념을 가지게 되었다. 이에 따라 분석과 종합을 요구하는 매우 중대한 문제들이 새삼스레 대두하게 되었다."[1]

그 중에서도 신학적인 문제가 많은 부분을 차지한다. 왜냐하면 불행히도 신학자들은 아직도 우주를 옛날처럼 정적인 것으로 보려 하기 때문이다.

사실 그리스도교의 교리가 정적인 우주관에 입각했기 때문에 많은 크리스천은 진화문제에 부딪칠 때 매우 신중한 태도를 취해야 한다고 생각해 왔다. 가톨릭은 일반적으로 진화가 타당성을 지닌 가설hypothesis이긴 하나, 증명 불가능한 학설로서 전적으로 배척할 필요는 없다고 주장해 왔다. 진화론에 대한 이러한 소극적 태도는 정적인 우주관에 입각한 가톨릭 교리가 동적인 진화론의 위협을 받는다는 두려움 때문이다. 그러나 떼이야르는 이러한 두려움이 사실상 아무 근거도 없다고 주장한다.

특히 그리스도론은 부동하는 세계의 상황에서보다 오히려 진화하는 세계의 상황에서 훨씬 더 융통성있게 해석될 수 있다. 성 요한과 특히 성 바울로가 서술한 것처럼, 그리스도의 거대한 우주적 속성

---

[1] 「교회헌장」 서론 5항.

은 우주와 그리스도와의 관계를 단순히 법적으로만 해석하는 경우, 그 속성의 장대함이 빛을 잃게 된다. 우주를 진화의 관점에서 고찰할 때만 그리스도의 우주적 속성은 비로소 본래의 차원을 지닐 수 있다. 그리스도와 진화는 조화할 수 없는 두 개의 상반된 견해가 아니라 양자는 "서로 동화되고 보완할 수 있게 마련이다".[2]

그러면 이제 떼이야르의 진화현상론이 그리스도론의 골격이 되는 만큼 우선 그의 진화현상론부터 고찰해 보기로 하자.

---

[2] "Catholicisme et science" (1949): *OE* 9, 240.

떼이야르의 과학적 진화현상론의 성격과 방법

떼이야르 드 샤르댕은 진화 개념을 3단계로 구분하였다.[3] 일차적이고 일반적인 관점에서 볼 때, 진화의 개념은 단순히 우주의 만물과 활동 및 사건이 존재하기 전에, 이러한 여러 현상을 생기게 하는 선행적인 현상이 있다는 사실을 긍정한다. 우주에 존재하는 것은 그 무엇이나 생성을 통해 존재한다. 시간상으로 어떤 존재가 있기 전에 반드시 그보다 먼저 다른 존재가 있게 마련이다. 또 공간상으로는 어떤 존재 외에 다른 존재도 있을 것이다. 우리가 알고 있는 우주는 유기적 전체성을 띠고 있으므로 만물은 일종의 그물을 이루고, 각 사물은 마치 그물의 매듭처럼 전체와 연결된 채 마음대로 위치를 바꾸지 못하게 되어 있다. 제1 단계로 진화의 의미는 "우주는 공간과 시간 안의 유기적 통일체"라는 것이다.

"물질의 배치·연속·결속은 어떤 공통된 기원에서 합생合生되어 이루어진다. 시간과 공간은 유기적으로 결합되어 우주라는 천을 짜고 있다. 우리는 이제 이러한 우주관과 사물관을 가지게 되었다."[4]

현대의 인간은 비로소 이러한 우주의 차원을 알게 된 것이다. 오늘날 진화는 하나의 증험證驗으로 생각되고, 이에 따라 하나의 가설이나 이론만은 아니다.[5] "진화는 모든 이론과 가설 및 모든 학문체계에 신빙성과 진실성을 부여하기 위해서는 당연히 전제되어야 할 보편타당한 조건이고, 이에 따라 모든 이론이나 가설이나 학문체계는 이것을 인정하여 받아들여야 한다."[6]

---

[3] "Sur les degrés de certitude scientifique de l'idée d'évolution" (1946): *OE* 9, 245-9.

[4] *PM* 218; "Du cosmos à la cosmogénèse" (1951): *OE* 7, 264-5.

[5] "L'union créatrice" (1917): *Ecrits* 176.   [6] *PM* 219.

제2 단계로 진화란 물질이 유기화의 정도에 상응하는 정신적 내면성의 증대로 인하여, 점차적인 복잡성을 지니면서 유기체로 발전하는 경향을 말한다.

진화의 둘째 의미가 지니는 중요성에 대해서는 논의의 여지가 있지만, 떼이야르의 경우 진화 자체에 관해서는 의문의 여지가 없다.

그리고 진화를 하나의 과학적 가설로 생각하는 것은 제3 단계에 속하고, 떼이야르의 진화설은 바로 여기에 해당된다. 즉, 떼이야르는 진화의 유무를 문제로 삼지 않는다. 그는 오직 "진화의 방향은 어디로 향하는가?" 진화는 미래에도 계속될 것인가? 진화는 확산하는가? 수렴하는가? 하는 것을 문제로 삼는다. 진화에는 방향이 있다는 것이 떼이야르의 과학적 진화론의 기초가 된다. 인간은 진화가 정확한 방향과 특수한 축axis을 가진다는 것을 인정하려 들지 않기 때문에, 인류는 실상 진화 도중에 있으면서도 별로 발전하지 못한다. 이러한 근본적인 의심은 인간의 탐구력을 약화시켜 말살해 버리고 이에 따라 현세 건설의 의욕은 사라져버린다.[7] 우리가 제2장에서 고찰하려는 것이 바로 이 진화설, 즉 떼이야르의 초물리학 또는 과학적 진화현상론이다.

떼이야르의 과학적 현상론은 철학도 형이상학도 아니다. 과학적 현상론의 연구대상은 나타나는 그대로의 현상들이고, 그 연구방법도 보편화된 과학적 방법이다. 그러므로 형이상학이나 절대선, 인과론, 또는 형이상학적 목적론 등의 개념에 의존하지 않는다.[8]

1940년에 쓴 「인간의 현상」은 그 당시만 하더라도 진화 현상에 대하여 체계적으로 논한 저작이다. 1947년에 쓴 서언에서 그는 다음과 같이 말하고 있다.

---

[7] *PM* 142.

[8] "Hominization" (1925): *The Vision of the Past* (J. Cohen 역) 51(이후 *VP*로 표기); "Man's Place in the Universe" (1942): *VP* 217.

이 책(「인간의 현상」)을 바로 이해하려면, 이 책을 형이상학 저서로나 일종의 신학 논문으로 생각하고 읽을 것이 아니라, 단순히 어떤 과학적 논문으로 알고 읽어야 한다. 표제가 말하듯 이 책은 순전히 인간을 하나의 현상으로 다루고 있다. 그러나 역시 인간의 현상 전반을 다루고 있다.

내가 시도한 바는 바로 본서를 통하여 인간을 순전히 하나의 현상으로 다루는 것이다. 나는 인간을 중심으로 삼았고, 인간의 주위에서 원인과 결과간의 일관성있는 질서를 찾으려고 노력하였다. 나는 우주의 요소들간에 확립된 존재론적·인과론적 관계를 찾으려 하지 않고, 오직 시간 안에 나타나는 사물의 연속관계를 표시하는 반복적인 법칙을 찾으려는 것이다. 그러므로 철학자나 신학자는 이러한 순수과학적 사고의 영역을 넘어서, 훨씬 더 멀리까지 사색할 여지가 충분히 있음은 물론이다. 나는 일부러 사물의 본질에 속한 부분은 다루기를 언제나 피하였다.

그러나 본서는 역시 인간의 현상을 전반적으로 다루고 있다. 이러한 면이 오히려 나의 주장을 철학처럼 보이게 할지 모르나 실상 그렇지 않다. 왜냐하면 우주를 과학적으로 해석하려는 시도 자체가 벌써 우주를 철저히 해명하려는 인상을 주기 때문이다. 그러나 좀 더 자세히 살펴보면 이 "초물리학"은 형이상학이 아님을 알게 될 것이다.[9]

이제 떼이야르가 현상론을 수립하는 데 이용한 방법에 대하여 말해 보자. 그는 이미 말한 바와같이, 보편화된 과학적 방법을 사용하였다. 즉, 가설을 세우기 위해 우선 자료를 정리하고 그 다음 이 가설을 확인하였다. 가설이 어떻게 확인될 수 있는가? 무엇으로 훌륭한

---

[9] *PM* 29-30.

가설이라는 증거를 댈 수 있는가? 학문상으로는, 진리는 일관성과 효용성을 지닐 때 비로소 그 진가가 인정된다.[10] 어떤 이론이든지 세계관의 내용을 더욱 풍부하게 하고, 세계 건설을 위한 인간의 노력을 고무하고 지지하는 것이라야 믿음성이 있는 것이다.

어떤 가설과 마찬가지로 떼이야르의 진화설도 앞으로 발전할 여지가 남아 있다. 훌륭한 가설일수록 가일층의 수정을 거쳐 정확성을 기하고 일관성을 지닌다. 가설은 과학 이론의 목표와 정수精髓 및 진실한 내용이지만, 생명처럼 변하고 발전할 수 있는 것이다.[11] 떼이야르의 과학적 현상론도 마찬가지다. 그것은 형이상학이 아니고 연역법을 쓰지도 않는다. 따라서 영원하고 자명적인 원리에 근거하지 않을 뿐 아니라, 최종적이고 절대적인 진리도 탐구하지 않는다. 그것은 우주의 현상들을 기초로 삼아 귀납법을 이용한다. 다시 말하면 관찰된 자료에 의존하고 있으므로 앞으로 수정되고 한층 더 정확성을 지닐 여지가 있는 잠정적인 가설이다. 이 가설은 일층 통일된 우주관에 도달하려는 시도다.

---

[10] "Man's Place in the Universe" (1942): *VP* 227; "Comment je vois" (1948) 1.

[11] "L'histoire naturelle du monde" (1925): *OE* 3, 156.

복잡화 의식의 법칙

떼이야르의 진화론은 반복의 법칙, 즉 귀납적으로 얻은 법칙에 근거하고 있다.[12] 떼이야르는 그가 수립한 초물리학의 근거가 되는 법칙을 복잡화 의식의 법칙이라고 불렀다.[13] 지금까지 과학은 우주의 한 축軸만을 고찰하였다. 이 축은 무한소(전자, 양자 및 다른 입자)에서 인간과 같은 보통의 크기를 가진 존재를 거쳐 무한대(성군星群, 은하계 등)에 이른다. 이때까지 과학은 최소와 최대의 두 무한에만 관심을 가졌다. 그러나 이것으로는 부족하다. 우리가 경험계를 전체적으로 과학적 견지에서 고찰할 때, 우주에는 무한대와 무한소뿐 아니라 실제적인 또 하나의 무한이 있음을 착안할 수 있다. 그것이 바로 무한 복잡이다. 우리 주위의 물체는 오직 크고 작은 것만 있는 것이 아니라, 단순한 것도 있고 복잡성을 지닌 것도 있다.[14] 그러므로 무한소와 무한대 외에도 무한 복잡이 있다. 이것이 제3의 무한이다. 떼이야르는 사물의 복잡성은 사물이 더욱 많은 구성 요소 및 구조상으로 더욱 큰 조밀성을 지니는 특성이라고 서술하였다. 여기서 문제가 되는 것은 단순히 구성 요소의 다양성이 아니고 유기적 조직의 다양성이다. 즉, 단순한 복잡화가 아니고 응축하는 복잡화다.[15] 예를 들면 원자는 전자보다 복잡하고, 분자는 원자보다 복잡하며, 생세포는 분자보다 더욱 복잡하다. 이러한 의미에서 복잡성은 길이, 무게, 지속과 같이 물질계의 한 차원을 이룬다.

---

[12] 복잡화 의식의 법칙은 자연을 현상학적으로 충분히 관찰한 후에 이끌어낸 과학적 추리로서 철학적인 추리와 대조를 이룬다.

[13] "L'atomisme de l'esprit" (1941): *OE* 7, 29-63; "L'analyse de la vie" (1945): *OE* 7, 137-46; "The Singularities of the Human Species" (1954): *AM* 208-73.

[14] "Comment je vois" (1948) 1.   [15] "Life and the Planets" (1946): *FM* 105.

이때까지 과학자들은 우주가 무한소에서 무한대로 뻗어나가는 하나의 축 위에 구성된 것으로 생각하였다. 이와같이 제한성을 띤 견해로 인하여 과학은 유기화학의 더 큰 분자들과 세포질의 합성물을 예견할 수 없었다. 그러나 복잡성이라는 또 하나의 차원이 도입되자 인간은 작은 것에서 큰 것으로 뻗어나가는 공간의 단일한 축과, 시간을 통해 단순한 것으로부터 극히 복잡한 것으로 뻗어나가는 제2의 축을 근거로 삼아 과학적인 세계를 재건할 수 있다.[16] 이것이 복잡성의 축이다. 증대하는 유기적 복잡성의 축이 시간을 통해 뻗어나가는 것을 살펴볼 때, 생명과 의식의 현상들은 무한소에서 무한대에 이르는 축 위에 위치할 수 있으므로, 불가불 복잡화의 축 위에 자리를 잡아야 될 것이다.

실험을 통해 관찰할 수 있는 생명과 의식은 최고도의 유기화와 최고도의 배열 및 응축을 향해 뻗어나가는 물질의 특성에 불과하다.

핵물리학의 연구 대상인 미립자는 제나름의 특수 법칙과 특성을 지니고 있다. 천문학의 연구 대상인 거대한 천체 역시 독특한 상대성의 효력을 나타낸다. 무한소와 무한대의 차원에서는 오직 극단의 상태에서 관찰할 수 있는 현상들만 나타날 뿐이다. 그렇다면 무한 복잡에 대해서도 마찬가지가 아닐까? 매우 높은 복잡성에서 나타나는 현상이 생명이고, 극단의 복잡성의 차원에서 나타나는 결과가 의식일 것이다. 경험과학에 의하면 생명은 물질이 고도로 유기화(복잡화)한 결과다. 다시 말해서 생명의 차원은 생명체가 지니는 복잡성의 정도에 상응하는 것 같다. 복잡성과 생명, 즉 의식 사이에 나타나는 구조상의 관계는 경험상으로도 명백한 것이다.

그런데 떼이야르는 "의식"이란 술어를 가능한 한 넓은 뜻으로 사용하면서 ― 생명과 지성은 두 가지 형태의 높은 의식이다 ― 복잡

---

[16] "The Planetization of Mankind" (1945): *FM* 130; "Man's Place in the Universe" (1942): *VP* 222-6.

성과 의식 사이에 나타나는 구조상의 관계가 보편법칙임을 가정한다. 복잡화 의식의 법칙은 보편성을 지니고 있어서 어디서나 적용되고, 이에 따라 떼이야르의 진화현상론의 기본적인 가정이 되고 있다.[17] 다시 말하면 물질적 존재의 각 차원에 있어서 의식의 정도는 복잡성의 정도에 상응한다. 정신적 완전성(혹은 의식의 집중성)과 물질적 통합성(혹은 복잡성)은 동일한 현상의 양면 또는 상호 연결된 두 부분에 불과하다.[18]

떼이야르는 「인간의 현상」에서 복잡성을 사물의 "외면성"이라 하고, 의식을 사물의 "내면성"이라고 한다. 그의 사상체계에 있어서 복잡화 의식의 법칙은 보편적인 법칙이므로 만물은 내면성과 외면성을 가지게 마련이다. 즉, 모든 물질적 존재는 제나름의 구조를 가지고 있고, 이에 따라 그 구조의 복잡성에 상응하는 의식을 가지고 있다.

분자나 그 이하의 하등 존재는 구조가 비교적 간단하여 어떤 의식이 있음을 감지할 수 없다. 그러나 이론상으로는 최하등의 존재에도 뚜렷하지는 않지만, 어떤 정신현상의 흔적이 있음을 인정할 수 있다. 떼이야르의 견해에 따르면 전혀 비활성적인 물질, 즉 무감각적인 물질은 존재하지 않는다. 우주의 모든 구조 요소는 그 정도가 미소하기는 하나 제나름의 내면성, 자발성 및 기본적인 의식의 배종胚種을 지니고 있다. 우주의 극히 미소하고 단순한 수많은 성분들도 우리에게는 지각될 수 없을 정도이기는 하나, 그래도 흐릿한 의식을 가지고 있다. 이리하여 전혀 의식이 없는 것 같으나 복잡성의 증대에 따라 의식도 증대한다. 바이러스virus의 경우 그것은 원자 약 백만 개에 해당하는 복잡성을 지니고 있으며, 의식은 실험을 통하여 관찰할 수 있다. 의식은 계속적으로 증대함에 따라 그 정도가

---

[17] *PM* 30, 300. [18] *PM* 60-1.

차차 높아지고, 마침내 반성의 임계점臨界點을 거쳐 인간의 지성이 된다. 인간에게 있어서 복잡성은 의식에 의존한다.[19]

복잡화 의식의 법칙에 관한 떼이야르의 가설은 이 법칙이 보편적임을 가정할 뿐 아니라, 물질이 더욱 높은 단계의 의식과 더욱 복잡한 그룹으로 배열되는 특성이 있음을 주장한다. 그렇다고 물질이나 우주 전체에 어떤 목적론적 성격이나 형이상학적 궁극성이 있음을 가정하는 것은 아니다. 오직 떼이야르의 가설은 물질이 오랜 기간을 통하여 거대한 집단에서 생기는 변화무쌍한 우연적 조합에 의하여 일층 고도의 의식을 가지는 동시에, 일층 복잡한 형태로 배열됨을 의미하는 것뿐이다. 이러한 관점에서 보면 생명은 일반적인 물리·화학적 작용에서 발생하는 결과로 생각된다. 그런데 우주의 소재는 이 물리·화학 작용에 의하여, 그 존재 자체와 구조에 따라서 자체의 질적인 내권內捲운동 혹은 배열작용을 일으킨다.[20] 이 "내권운동"은 언제나 가일층의 복잡성을 지향한다. 그것은 시간이 경과함에 따라서 세포, 식물, 동물로 진화된다. 생명은 결코 기이한 현상이거나 변태적인 진화현상이 아니라, 복잡성의 축을 따라 수백만 년의 기간을 거치면서 진화한 결과다. 내권하는 우주는 전前반성적 단계에서 고찰할 때, 복잡화의 증대를 가져오기 위하여 배열의 불가개연성不可蓋然性을 극복하는 방법으로서, 수억만 번의 시도와 실패를 겪으면서 점차적으로 진화했다.[21] 이 암중모색 작용은 재생 및 유전의 메커니즘과 함께 수많은 종류의 생물을 생성한다.

복잡성의 축 위에 나타난 생명은 바로 진화의 임계점, 마치 얼음이 녹으면 액화하고, 물이 끓으면 기화하는 것과 유사한 상태 변화

---

[19] "Man's Place in the Universe" (1942): *VP* 225.

[20] "Does Mankind Move Biologically upon Itself?" (1949): *FM* 251; "Comment je vois" (1948) 1-4.

[21] *PM* 302; P. Chauchard (G. Courtright 역), *Man and Cosmos*, 47-83.

다. 진화의 방향은 일단 생명 출현이라는 임계점을 거친 후 수많은 종種(species)으로 구분된다. 이 종들은 생명계수生命系樹의 가지들인 군群으로 분류된다. 각 군 또는 문門(phylum)은 그 안에 여러 가지 유사한 종을 포함한다. 우리는 어떻게 종과 문을 가려낼 수 있는가? 진화는 하나 혹은 그 이상의 종이나 문으로 이루어진 어떤 중심적 축을 따르는가? 또 여러 가지 문과 종은 성격상으로만 서로 다를 뿐이라고 말할 수 있는가? 결국 생물학적으로 거미는 말보다 못하고, 새는 사람보다 못하다고만 말할 수 있는가? 떼이야르는 생물들의 복잡한 관계를 설명해 줄 만한 해결의 실마리가 되는 측정법을 발견하였다. 그것은 복잡화 의식의 법칙을 더욱 넓게 적용하는 것이다.

> 복잡성의 스케일scale(測度)이 말해주는 것처럼, 어떤 존재가 복잡하면 복잡할수록 그것은 더욱더 응축되어 자체의 밀집도가 커지고, 이에 따라 더욱더 큰 의식을 가지게 된다. 달리 말하면 생물의 복잡성이 클수록 의식도 커진다. 즉, 복잡성과 의식은 동시에 또 서로 병행하면서 변화한다. 그러므로 복잡성이 원자의 수로 계산할 수 없는 높은 정도에 이른다 하더라도, 생물이 지니는 의식의 정도에 유의함으로써 그것을 측정할 수 있다. 실제적인 용어로 말한다면, 신경 계통의 발달이 복잡성의 측도가 된다는 것이다.[22]

결국 두뇌의 발달 요인 및 두뇌화cerebralization의 진전이 복잡다양한 문門을 망라하여 복잡성의 증대를 측정하는 척도가 된다는 것이다. 두뇌화의 진전을 척도로 사용한다면, 복잡성의 주축은 포유류를 거치고, 또 포유류 중에서도 영장류를, 또 영장류 중에서도 유인원anthropoid을 거친다는 것이 분명하다.[23] 복잡화 의식의 진로는 두뇌화의

---

[22] "Life and the Planets" (1946): *FM* 111-2; *MPN* 55-8.　　　　[23] *MPN* 49-53.

진화적인 진전을 따라가면서 마지막으로 유인원을 통과한다. 이와 같이 복잡성의 축을 따라가면 우리는 또 하나의 임계점에 도달한다. 즉, 전진적인 두뇌화의 맥락은 증대하는 복잡성의 축을 따라서 마침내 "반성의 역閾"에 도달한다.

진화에 있어서의 인간의 위치

외견상으로는, 인간도 다른 생물의 종과 마찬가지로 지상에 출현하였다. 진화의 기원은 어떤 형적을 남길 만큼 뚜렷하지 못하기 때문에, 우리는 인간 기원의 형적도 어떤 다른 종의 기원의 형적과 마찬가지로 관찰할 수는 없다. 현상론적으로 말하면, 인간은 하나의 집단으로 역사에 등장한 후 지리적으로 퍼져나감에 따라 여러 그룹으로 갈라지게 되었다. 그러나 인간은 시초부터 종의 특이성을 나타내는 여러 특징을 가지고 있었다. 이러한 특징들 중에서도 가장 중요한 것이 "반성 능력"이다. 인간은 인식할 뿐 아니라 자기가 인식한다는 것을 인식한다. 이것은 단순한 의식이 아니라 반성 의식, 즉 "이중 의식"이다.

> 제3기(지질학상으로 신생대 전기) 말에 이르러, 유인원군科에서 생기는 "인간화 과정의 뇌 변화"에 따라, 정신적(심적) 반성작용(단순한 인식작용이 아니라 인식작용 자체를 의식하는 인식작용)이 생기게 되었고, 이에 따라 전혀 새로운 진화의 영역이 전개되었다. 사실 새로운 동물학적 과科인 인간의 출현은 다른 과에 속하는 동물들과 다소간 유사성은 있겠지만 또 하나의 새로운 생명 발생을 의미한다.[24]

이 제2의 생명의 출현인 반성의식은 최초의 생명의 발생처럼 진화과정에 있어서의 한 임계점, 즉 진화의 상태 변화다. 반성은 "그 말 자체가 뜻하는 것처럼 의식이 자기 자체로 되돌아가는 현상, 다시

---

[24] *PM* 163-206, 302-4; *MPN* 61-78; "The Singularities of the Human Species" (1954): *AM* 230-44.

말해서 의식이 자기 자체를 특수한 일관성과 가치를 지닌 하나의 대상으로 삼는 능력이다".[25]

의식이 반성의식 — 무엇을 인식할 뿐 아니라 인식행위 그 자체를 인식하는 인식 주체의 능력 — 으로 발전할 때, 일어나는 결과는 어마어마한 것이다. 자기 자체를 인식할 수 있는 존재, 즉 자기가 반성의 대상이 될 수 있는 존재는 개별화된 자기집중적 인격이 된다. 이러한 존재는 추상적 사고, 예술, 발명, 예견 및 정서 등 내적 생명의 전반적인 새 세계를 자체 안에 받아들인다. 인간은 반성할 수 있는 존재이기 때문에, 하나의 단독적인 종이 아니라 전체성을 지닌 일종의 새 생명이다. 인간과 동물을 구별지어 주는 것은 단순히 의식의 정도가 높도 낮음에 있는 것은 아니다. 그것은 상태의 변화에서 오는 본질의 차이에 있다. 이 차이는 생물과 무생물의 차이처럼 크고 뚜렷하다. 그러므로 양자의 차이에 진화의 임계점이 나타나는 것이다.

이때까지 일관성을 지닌 우주의 통일성을 찾으려는 떼이야르의 노력으로, 그는 우주가 증대일로에 있는 복잡화 의식의 축을 따라 시간 안에서 진화하는 유기적 통일체임을 알게 되었다. 시간의 흐름에 따라 전진하는 이 축은 적어도 생명 출현과 반성의식의 출현이라는 두 임계점을 통과한다. 진화의 축은 하나의 결정적 향방을 가지고, 이 향방은 언제나 가일층의 복잡화와 더 큰 의식을 지향한다. 이 진화의 방향이 인간 안에서는 정신적이고 인격적인 것을 지향한다.[26] 인간은 하나의 우연적인 현상도 아니고 단순히 수많은 생물의 종 가운데 하나의 종도 아니다. 인간은 복잡화 및 의식의 장구

---

[25] *PM* 165.

[26] "Comment je crois" (1934) 6-9; "Esquisse d'un univers personnel" (1936): *OE* 6, 69-114; "Le phénomène spirituel" (1937): *OE* 6, 117-25; "The Movements of Life" (1926): *VP* 149-50.

한 진화 과정을 거쳐서 출현한 특이하면서도 필연적인 결과다. 사실 인간은 진화의 화살촉에 해당된다. 더군다나 인간은 "정신의 광채와 의식을 향하여 줄기차게 전진하는" 전체적 과정을 탐구하고 이해하는 유일한 존재다.[27]

떼이야르의 학설은 의식이 무의식보다 높고, 정신이 물질보다 높다는 가정에 근거하고 있다고 이의를 제기하는 사람들도 가끔 있다. 이러한 이의가 타당하기는 하나, 그렇다고 하여 떼이야르의 가정을 배척할 수는 없다. 떼이야르 역시 물질에 대한 정신의 우위성을 충분한 근거 아래 주장하기는 하나, 아직 가설에 지나지 않음을 인정하고 있다. "여하튼 더욱 큰 의식이 작은 의식보다는 더 좋다"라는 원리는 바로 우주의 존재 자체에 적용되는 요구조건이라 생각된다.[28]

떼이야르는 「인간의 현상」 머리말에서 자기가 세운 첫째 가정은 "정신현상과 사고력의 우위성을 인정하는 것"이라고 지적하고 있다.[29] 떼이야르가 세운 이 가정의 진실성은 이 가정이 기초가 되는 여러 가정 중 그 어느 것을 증명한다고 해서 입증될 것이 아니다. 떼이야르가 세운 가정의 진실성은 그것이 현실적으로 어떠한 특성과 효용성을 지니고 있는가 함에 있다. 또 떼이야르가 주장하는 인간중심 사상에 대해서도 역시 이의가 제기된다. 즉, 떼이야르가 정신의 우위성을 가정할 때, 진화는 결국 지상에서 최고의 정신적 존재인 인간을 향하여 진행되고 있음을 은연중에 전제하고 있다고 이의를 제기하는 이들이 있다. 역시 이의 자체는 진실하다. 그러나 떼이야르의 전제를 반대할 수는 없다. 진화가 인간을 향하여 진행된다는 전제가 적어도 함축적이나마 그의 사상체계의 밑바탕이 되고 있는 것만은 확실하다. 문제는 그가 세운 "가정이 과학적으로 증명

---

[27] 1915년 8월 5일, 6일자 편지: *MM* 62. [28] "Comment je crois" (1934) 9.
[29] *PM* 30; "L'union créatrice" (1917): *Ecrits* 175.

될 수 있는가?"함에 있지 않고, "우주는 그러한 가정하에서 더욱 잘 이해될 수 있는가?"함에 있다.

진리는 우주가 그의 각 구성 부분과 결합하여 전체적 통일성을 지니는 것에 불과하다. 우리 자신이 우주의 관찰자이기 때문에 이 통일성을 과소평가하거나 간과해 버려야 옳은가? 모호하게 설명된 인간중심적 환상illusion은 역시 모호하게 설명된 어떤 객관적 실재와 언제나 대립되게 마련이다. 그러나 실상 양자간의 구별은 없다. 왜냐하면 우주는 인간이 고찰하므로 인간에게 진리인 것이 곧 우주의 진리가 되기 때문이다.[30]

---

[30] "Esquisse d'un univers personnel" (1936): *OE* 6, 71.

정 신 권

반성의식, 곧 인간 출현이라는 임계점을 고찰하면, 자연히 떼이야르의 진화현상론 제2부로 들어간다. 진화가 인간에게까지 진행되면 중지된다고 상상할 이유도 없거니와, 더구나 진화가 생명의 출현에서 중지되었다고 생각할 이유는 전혀 없다. 진화작용은 생명의 출현이라는 임계점을 넘어서 계속적으로 그 기능을 발휘함으로써 지표면을 가득 채워 생물권 또는 생명권을 이루고, 이에 따라 언제나 복잡성과 의식을 증대시킨다. 그런데 반성의식의 출현이라는 임계점을 거치면, 이제 진화는 인간군群으로 지표면을 채우고 있는 사고의 영역에서 진행된다. 떼이야르는 이 사고의 영역, 다시 말해 반성의식의 지상권地上圈을 정신권이라고 부른다. 각종 생물은 장구한 시간이 흐름에 따라 수많은 변종으로 분류되고(이것은 통계적으로 볼 때 유전에서 오는 돌연변이의 결과다) 이러한 변종들 중 약간만이 순종으로 남게 되며, 이러한 과정은 주기적으로 반복된다. 인간의 출현까지는 생명계수의 모양이 차츰차츰 분기分岐하여 형태학적 방사상放射狀, 쉽게 말해 부채꼴을 이룬다. 그러나 인간의 출현 이후에는 이 분기의 경향은 없어지고, 따라서 진화의 법칙도 근본적으로 변하게 되었다. 인간은 반성의식의 능력에 의해 상호간 밀접하게 접근하고 교제할 수 있으며, 마침내는 하나로 통일될 수 있다.[31] 부채꼴로 넓게 퍼지던 진화작용은 의식의 통일을 향해 수렴하려는 일층 강한 힘에 압도당한다. 다시 말하면, 생물의 종은 장구한 기간을 통해 또 다른 여러 종으로 갈라져 새로운 종을 만들려 한다. 그러

---

[31] "The Formation of the Noosphere" (1947): *FM* 158.

나 인간의 경우에는 새로운 종이 나오지 않는다. 분기되어 새로운 종이 되려는 진화의 경향은 인간의 반성의식의 사회화력社會化力에서 생기는 강한 결합력에 압도당한다. 즉, 인류는 분기되는 대신에 자체 안에서 응집된다. 인류는 나누어지려는 경향보다 가일층 결합하고 상호 침투하려는 경향을 가지고 있다. 더구나 이 거대한 결합력에서 오는 생물학적 이점 때문에, 인류는 수십만 년이 지난 후 널리 퍼져 지표면을 덮게 되었다. 실상 지상의 인류가 통합될 때까지는 약 일만 년 이상 걸렸다. 결국 현대에 들어와서 공업과 과학의 힘으로 정신권은 새로운 결합력을 가지게 되었다. 이제 진화는 비록 작은 집단이고 매우 빈약하기는 하나 그래도 고도로 특수화된 지구의 층인 정신계에서 계속 진행되고 있다. 인간 안에서 나타나는 우주의 진화는 줄곧 복잡화 의식의 축을 따르지만, 사고(반성)라는 임계점을 지난 후로는, 전과는 달리 더욱 복잡해졌다.

어떤 인간사회든 자연히 그 자체를 정비하여, 목적과 수단을 지닌 유기적 사회조직을 이루게 된다. 그런데 이 유기적 조직체에는 언제나 두 가지 구성 요소가 있다. 첫째는 물질적 구성 요소로서 복잡성의 증대다. 그것은 모든 종류의 식품 및 생활 필수품의 생산과 수집에 필요한 여러 가지 도구와 기술을 포함할 뿐 아니라, 인구 증가의 한계점을 고려하여 가장 적당한 출생률, 또 상품과 물자의 원만한 보급을 위한 가장 좋은 조건을 규정하는 제반 법률을 포함한다.

둘째는 정신적 구성 요소로서 "의식의 증대"다. 이것은 특수한 세계관·인생관(동시에 철학적·윤리적·미학적·종교적 관점)으로서 물질적 활동과 사회의 발전에 의미와 방향을 제시하고 동기를 유발하여 자극제 구실을 한다.[32]

---

[32] "The Antiquity and World Expansion of Human Culture": *Man's Role in Changing in Face of the Earth*, ed. W. L. Thomas, Jr. (University of Chicago Press, 1956) 106-7.

다시 말해서 정신권의 진화는 "복잡화의 기능을 통하여 우주의 의식을 증대시키는 보편적인 반복법칙에 따른다".[33] 이리하여 실상 정신권에서 이루어지는 진화가 참된 진화다. 진화가 전반성적 단계 (사고 이전의 단계)에서는 "유전과 적응 기제"나 고안考案에 의하여 진행된 것처럼, 정신권의 진화도 더욱 효과적이고 더욱 새로운 유전과 고안에 의하여 진행된다.[34] 모든 종류의 생물에서 볼 수 있는 염색체의 유전이 의식적 활동 영역인 정신권에서는 사회적 유전과 중복된다. 수없이 많고 복잡한 사상과 기술은 언어, 여러 등급의 교육, 현대의 매스미디어를 통하여 "무한한 수용력을 가진 인간의 기억 속에 끊임없이 축적되고 영구적으로 조직화되고 있다".[35] 진보 일로에 있는 문화는 사회적 유전을 통하여 인류 각 세대에 계속적으로 전달되고 있다. 또 문화의 발전과 병행하여 문화를 보존하고 확대하며 전달하는 수단도 발전하게 된다. 인간은 점차로 도서관, 학교, 통신 등의 여러 시설을 이용함으로써 복잡성과 의식이 동시에 증대된다.

생물이 출현한 후, 그것은 줄곧 무수한 방법을 통하여 이전의 것보다 더 나은 새로운 유기체를 만들어냄으로써 환경에 순응해 왔다. 고안에 의한 적응은 일종의 암중모색이다. 다시 말하면 "무수한 생물군群"이 가지게 마련인 진화적 발전의 기회를 요행으로 이용하는 것뿐이다.

그러나 인간만은 어떤 목적을 가지고 무엇을 미리 계획할 수 있다. 그러므로 인간의 경우에는 자동적 고안(발명)도 다소간 의식적인 능력이 될 수 있다. 이러한 인간의 계획 능력은 연구와 발견을

---

[33] "The Formation of the Noosphere" (1947): *FM* 174.

[34] *FM* 107; "Zoological Evolution and Invention" (1947): *VP*, 234-6; "Social Heredity and Progress" (1938): *FM* 25-36.

[35] 주 32의 책 108.

토대로 삼고 과학기술의 힘을 빌려 미래 세계를 건설하는 데 도움이 된다. 그러나 아직도 인간은 많은 제한을 받고 있다. 이러한 제한은 인간이 일종의 유기적 존재인 한 언제나 면할 수는 없을 것이다. 그렇지만 고안을 통하여 자신의 미래를 지배할 수 있는 자유의 범위는 점차 확대되고 있다. 인간의 진화에 있어서 가장 중요한 기제[機制]인 동시에 떼이야르가 가장 유의한 현상은 바로 인간의 사회화 현상이다. 인간은 전반성적 (사고 이전의) 생물의 종들과는 달라, 여러 종으로 나뉘어지지는 않는다. 그와는 반대로 인류는 자체 안에서 응축되어 점차적으로 결합력을 가지는 하나의 종이 된다. 이 내권[內捲]작용과 결합력의 증대가 바로 사회화 현상이다.[36]

떼이야르는 사회화 과정에 팽창기와 압축기가 있음을 주장한다. 팽창기는 인간의 지상 출현에서부터 근대에 이르기까지의 기간이다. 이 기간을 통해 인구는 점차 증가하여 지구 표면을 덮었다. 이와 함께 인류의 문명과 문화는 점차 발전하여 사회적 복잡화가 증대되고, 초보적인 과학기술이 진보하였다. 또 점차적인 복잡화의 증대에 따라 의식의 증대, 즉 문화와 지식이 성장하고 세계관이 발전하였다. 19세기 말경에 이 팽창기는 끝나고 지구 표면은 인류로 충만하였고, 이에 따라 사회화의 압축기가 시작되었다.

떼이야르는 사회화의 발전을 설명할 때, 지구의 한 극에서 다른 극으로 파급되는 파동을 비유로 사용하였다. 즉, 이 파동은 지구의 남극에서 북극을 향해 번져가서 적도까지 확장하다가, 적도를 지나면서부터는 북극에 가까워질수록 수축된다고 한다. 다시 말해서 이 파장은 수렴상상[收斂狀相]을 이루되 팽창기와 압축기의 두 단계로 구분된다.

---

[36] *MPN* 80; "The Grand Option" (1939): *FM* 37-60; "Life and the Planets" (1945) 97-123. 그외에도 *FM* 124-39, 155-84, 196-213, 214-26, 227-37, 244-59, 281-8 등등. *OE* 7, 29-63, 67-81, 161-9; *OE* 9, 267-9; *MPN* 79-121; *AM* 132-71, 208-73.

인간은 몇 만 년이라는 장구한 기간을 통해 지구 표면에 퍼져오다가 민족과 국민, 국가와 제국으로 나뉘어졌다. 이것이 사회화의 팽창기다. 그러다가 19세기에 진화는 적도를 넘어서면서부터 비로소 압축기로 들어섰다. 그러므로 인간이 사회화의 압축기로 들어간 것은 불과 백 년 미만이다. 이 사회화의 압축기는 이제 겨우 시작되었다고 말할 수 있지만, 인구의 팽창 및 놀랄 만한 인간의 상호 접촉으로 인하여 급작스럽게 증대하고 있다.

> 전쟁으로 인한 인구의 감소에도 불구하고, 한정된 지구 표면에는 거의 기하급수적으로 인구가 증가하고 있으며, 이와 함께 인간의 행동 반경과 지식은 급작스럽게 지구의 전 표면에 파급되고 있다. 이와 같은 압축의 상태는 사고의 발달에 의해 고도로 발전된 생물학적 혼합에 힘입은 바가 크다(여기서 사고의 발달이란 각 요소가 타와 밀접히 결합되어 있는 유기적 상호침투 상태를 뜻한다). 세계는 경제적·정신적 결속으로 하나의 거대한 망을 이루고, 이것이 증대됨에 따라 인간 상호간의 접촉은 더욱 긴밀해지고 있음이 사실이다. 이제 인간의 행동이나 사고는 점차적으로 집단화되고 있다.[37]

우리는 오늘날 많은 현상, 이를테면 점차적인 정부의 중앙집권화, 여러 방면의 공동체 및 초공동체의 형성 등에서 인간의 집단화 과정을 여실히 볼 수 있다. 이것은 복잡화 의식의 법칙과 관련시켜 볼 때 무엇을 뜻하는 것인가? 이 집단화 과정은 인간이 급속도로 사회화하고 있음을 뜻한다. 다시 말해서 신속한 복잡성의 증대와 이에 상응하는 집단의식의 증대를 의미한다.

---

[37] "The Formation of the Noosphere" (1947): *FM* 170-1.

개인과 사회

증대하는 집단화의 경향은 필연적으로 오웰Owell(영국의 작가, 1903~1950)의 세계 복지국가, 즉 세계적인 전체주의로 발전할 것인가? 떼이야르는 이 문제에 대하여 다음과 같이 예견하고 있다.

> 그것은 그렇다고 말할지도 모른다. 그러나 이러한 상황에는 우려해야 할 어두운 면은 없는가? 당신들은 이 새로운 인류 진화의 국면에서 의식이 확대되고 심화될 것이라고 말할 수 있다. 그러나 사실은 당신들의 이론과 반대되지 않는가? 실상 오늘날 세계에서 어떤 일이 일어나고 있는가? 최고도로 집단화된 국가에서도 인간의 의식이 증대되고 있다고만 말할 수 있는가? 이와 반대로 사회적 전체화는 오히려 정신적 퇴보와 가일층의 유물론으로 이끌려 가고 있지 않은가?[38]

오늘날의 집단화 경향이 단순히 개미의 군거群居생활과 같은 동물적 상태 — 인간 이하의 상태 — 에 불과하다면, 그 원인은 전체화의 원리에 잘못이 있기 때문이 아니라, 전체화의 적용방식에 불완전성과 미비점이 있기 때문이라고 떼이야르는 말하고 있다.[39]

오늘날 수많은 "사회화의 세력"이 나치즘, 파시즘 및 공산주의와 같은 운동으로 변모된 사실을 보고 우리가 실망할 것이 아니라, 오히려 이렇게 된 잘못이 어디에 있는지를 살펴봄이 마땅할 것이다. 괴상하게도 오늘날의 전체주의는 실상 "거창한 그 무엇"을 깡그리

---

[38] "Life and the Planets" (1945): *FM* 118.   [39] *FM* 119.

망쳐놓고, 진리에서 멀리 떠나 있지 않은가?[40] 인간이 전체주의적인 미래에 대하여 낙관적인 태도를 가지려면, 우선 점차적으로 복잡화하는 사회화 과정을 매우 폭넓게 고찰할 줄 알아야 한다. 오늘날의 급변하는 사회화 현상은 결코 어떤 고립된 현상이 아니다. 이와 반대로 그것은 "우주 곡선"상의 정신권 또는 복잡화 의식의 축 위로 뻗어가는 연장이다. 다시 말하면 인간의 사회화는 생물과 인간을 생성한 동일 진화작용의 일부분이고 연장이며 계속이다. 우주는 복잡화 의식의 축을 따라 언제나 더욱 복잡한 배열과 이에 상응하는 더 높은 의식의 상태를 향해 진화한다. 인간의 사회화는 바로 이 진화작용의 일부분이다. 따라서 사회화의 정도가 높아지고 복잡성이 증대할수록 인류의 의식도 전반적으로 상승하리라는 기대를 가져야 한다. 그러나 떼이야르는 참된 사회화란 결코 개미의 군거와 같은 조직을 통하여 이루어지는 것은 아니라고 주장한다. 오늘날의 공산주의와 같은 전체주의 집단은 참된 사회화를 괴상하게 모방한 것에 불과한 것이다.

> 우리는 인류가 복잡화의 법칙에 따라 집단화함으로써 정신적 성장을 가져오는 데는 무엇이 필요한가를 고려해야 한다. 집단화의 과정 속에서 살아가는 "인간 단위"는 단순히 외적 압력이나 물리적 행위에 의해서만 서로 접근할 것이 아니라, 내적 인력에 의하여 직접 마음과 마음이 밀접하게 접근할 필요가 있다. 즉, 강압이나 공동임무에 강제로 예속됨으로써가 아니라, 일심unanimity에 의하여 정신적 성장이 이루어지지 않으면 안된다. 원자 상호간의 친화력에 의하여

---

[40] *PM* 257; R. Garaudy, *Perspectives de l'homme: existentialisme, pensee catholique, marxisme,* 170-203; I. Varga, "Teilhard Marx et le progrès social", 152-8; C. Cuénot, "Teilhard et le marxisme", 164-85; R. Garaudy, "Le Père Teilhard, le Concile et les marxistes", 185-208.

분자가 이루어지듯 "인간의 요소들"도 인격화된 세계 안에서, 상호 간의 공감에 의해서만 더 높은 단계의 종합을 이룰 수 있다.[41]

떼이야르는 자신이 전개한 진화의 초물리학에서 이 문제를 다룰 때에, 비로소 "결합은 특수화한다"라는 공식을 도입하였다. "참다운 결합, 즉 정신과 정신, 마음과 마음의 결합은 결속된 개체들을 예속시키거나 중화시켜 개별성을 말살하지 않고 오히려 개체들을 초인격화한다."[42] 더 일반적으로 말하면 참다운 결합은 결코 "결속된 구성 요소들을 혼동시키거나 억압하여 개성을 잃게 하지 않는다. 그것은 오히려 하나로 통합되는 가운데서 구성 요소들을 초특수화한다".[43] 떼이야르는 「인간의 현상」에서 신체의 세포나 사회의 구성원이나 혹은 그 어떤 종합체의 구성 요소 등, 생명의 어떤 영역에서나 이 "결합의 특수화"를 말할 수 있는가에 대하여 논하고 있다.[44]

그는 또 우리가 인격과 개체를 혼동하기 때문에(이것은 모든 형태의 이기주의에서 나오는 치명적인 과오다) 이 결합의 특수화를 간과하는 경우가 많다고 말한다.

각 요소가 가능한 한 자기 자체를 타에서 분리시키려 할 때 그것은 개별화되게 마련이고, 따라서 각 요소는 퇴보할 뿐 아니라 세계를 단일이 아닌 다수로, 또 물질로 하락시키는 길을 터놓는 셈이 된다. 인간이 완성되기 위해서 우리는 이와 반대의 방향, 즉 다른 모든 것을 한 점으로 모으는 수렴의 방향으로 전진해야 한다. 인간의 목표와 최고도의 창의력은 인간의 개체성에서 찾을 것이 아니라 인간의

---

[41] "Life and the Planets" (1945): *FM* 119.

[42] *FM* 119; "Esquisse d'un univers personnel" (1936): *OE* 6, 79-105; "The Formation of the Noosphere" (1947): *FM* 182-4; *MPN* 114-5; "Panthéisme et Christianisme" (1923) 10; "Mon univers" (1924): *OE* 9, 72-7.

[43] "L'esprit de la terre" (1931): *OE* 6, 52.   [44] *PM* 263.

인격에서 찾아야 한다. 그리고 세계의 진화적 구조를 보더라도 인간은 결합을 통해서만 인격을 발견할 수 있다. 정신은 통일 안에서만 존재하는 것이다. 이것은 철두철미하게 또 전반적으로 적용되는 법칙이다. 참된 자아의 발전은 이기주의와 역비례한다.[45]

퇴보와 유물론과 인간 이하의 상태는 인격의 결합에서 연유하는 것이 아니다. 오히려 인격의 참된 결합은 각 개체를 개성화한다. 그러나 이기주의는 퇴보적이어서 자아를 위축시키고 만다. 역설적이긴 하나 인간은 자아를 타인 안에서 발견하고, 이에 따라 인격의 결합은 통합된 인격들을 특수화, 개성화하고 발전시킨다.

그렇다면 개체의 자유는 어떻게 되는가? 인간이 타인과 결합할 때 자유를 적게 누린다는 것은 사실이 아닌가? 떼이야르는 이러한 생각이야말로 근본적으로 인격과 개체를 동일시함에서 나오는 오류라고 말한다. 그는 인간이 상호 결합함으로써 오히려 더욱 많은 자유를 누린다고 주장한다. 점차적으로 사회화하고 가일층 유기화하는 가운데 나날이 결속되어 가고 있는 세계에서도 인간은 여전히 선택과 행위의 자유를 누릴 수 있을까? 하고 그는 자문한다. 이에 대하여 그는, 자유는 어디서나 볼 수 있고 또 어디서나 증대하고 있다고 대답한다. 그는 「인간의 미래」에서 다음과 같이 말하고 있다.

> 인간은 생래적으로 가지고 있는 일종의 고정관념 때문에 가능한 한 고립된 존재가 될 때, 자신을 가장 잘 제어할 수 있다는 생각을 쉽게 버릴 수 없음도 나는 잘 알고 있다. 그러나 이것은 거짓이 아닐까? 인간의 존재를 구성하고 있는 요소는 본질적으로 행동의 자유를 포함하고 있다는 것을 잊어서는 안된다. 따라서 인간은 적절한

---

[45] *PM* 263.

방법으로, 타인들과 교제하고 결합함으로써만 자유의 폭을 더욱 넓힐 수 있을 뿐이다. 사실 이것은 "위험한 작업"이기도 하다. 왜냐하면 인간의 활동이란 어떤 경우에는 무질서하게 서로 엇갈리고, 또 어떤 경우에는 잘 조정된 채 물고 도는 톱니바퀴처럼 서로가 중화되어 버리거나 그렇지 않으면 기계화될 경향도 있기 때문이다. 우리는 이러한 사실을 싫증나게 경험하고 있다. 그러나 이것은 유익한 작업이기도 하다. 왜냐하면 정신과 정신이 공동의 비전과 열정을 가지고 서로 접근할 때는, 모든 것이 활기를 띠고 풍요하게 되기 때문이다. 예를 들어 어떤 팀team의 경우나 사랑하는 남녀의 경우를 생각하면 된다. 공감에서 우러나오는 결합은 인간 존재의 가능성을 제한하기는커녕 도리어 증진시킨다. 우리는 비록 제한된 범위에서나마 이러한 사실을 매일같이 경험하고 있다. 만일 이 법칙이 사물의 구조 자체에 적용된다면, 어찌하여 더욱 넓고 포괄적인 영역에서는 적용될 수 없겠는가?[46]

다시 말하거니와 참된 결합은 개별성을 말살하지 않고 오히려 증대시킨다. 즉, 그것은 언제나 결합된 구성원을 가일층 개별화한다. 그리고 결합된 구성원들이 인격체일 때 그 개별성은 가일층의 인격화를 뜻한다. 우리는 이러한 사실을 우리 주위에서 얼마든지 찾아볼 수 있다. 스포츠 팀, 산업, 연구 등에서 팀워크나 결합이 잘 되어 있으면, 각 팀 구성원은 고도로 전문화 또는 특수화한다. 팀워크와 팀 구성원 각자의 전문화는 똑같은 보조를 맞추어 병행한다. 일반적으로 말해서 인간사회가 조직화할수록 전문화도 증대한다. 우리는 인격 상호관계에서 이러한 사실을 볼 수 있다. 특히 친밀한 우정에서나 결혼에서는 인격과 인격이 최고도로 결합하여, 인격체로서

---

[46] "The Formation of the Noosphere" (1947): *FM* 182-3; "Some Reflections on the Rights of Man" (1947): *FM* 193-5.

의 더욱 큰 발전을 가져온다. 실제로 참다운 결합은 각 개체를 혼동하지 않고 특수화한다. "참다운 결합, 즉 정신과 정신, 마음과 마음의 결합은 결속된 개체들을 예속시키거나 중화하여 개별성을 말살하지 않고, 오히려 개체들을 초인격화한다."[47]

  그런데 인간이 인격체가 됨은 반성의식을 가지기 때문이다. 인간은 자기 자신이 인식 주체임을 알고 있다. 그러므로 인간은 반성의식의 힘으로 공동의식을 가지는 집단을 이루고, 개체는 주로 의식하는 존재, 즉 하나의 인격체로서 특수성을 나타낸다. 인간은 통일체를 만들고, 이 통일체는 그 구성원을 개성화(인격화)한다. 그런데 이러한 결합은 반드시 인격체 상호간에서만 이루어지고, 그것도 인격체의 내면內面에서만 이루어진다는 점이 중요하다. 다시 말해서 인격 상호간의 결합은 사랑이 깃들인 합일이라는 점이 중요하다. 내심內心에서 우러나오는 사랑이나 인력 또는 결속력 없이는 참된 인간사회도 참된 결합도 있을 수 없다. 결합의 내적 유대인 사랑이 없이 이루어지는 인간사회는 오직 외부의 힘에 의하여 형성되는 벌집이나 개미의 무리와 같은 전체주의적인 사회에 불과할 것이다.

  "결합은 개체를 특수화한다"라는 떼이야르의 원리는 진화현상론의 주류를 이루는 반복의 법칙인 복잡화 의식의 법칙을 응용한 것이거나, 그것을 달리 표현한 것임을 쉽게 알 수 있다. 참된 결합은 언제나 복잡성을 증대하고 결합된 구성원의 개별성을 인정한다. 다시 말해서 결합 — 또는 복잡성의 증대 — 은 그것에 상응하는 의식의 증대를 야기시킨다. 인격체 각자의 견지에서 고찰할 때, 인격체의 결합에서 형성되는 공동의식은 곧 개성화가 증대된 것에 불과하다. 오늘날 인류는 밀접하게 결속되지 않을 수 없게 되었고, 이에 따라 더욱더 견고하게 결합되고 있음은 우리가 당면하고 있는 실정

---

[47] "Life and the Planets" (1946): *FM* 119.

이다. 그 결과로 개성화와 사회화가 점차적으로 또 동시에 진행되고 있으며, 이 양자는 필연적으로 서로 의존하고 있다. 떼이야르는 개인과 사회를 서로 반대되는 개념으로 생각하지 않는다. 이 양자는 상관적이고 상호보완적인 개념이다. 그러므로 개인과 사회는 함께 발전하고 심화된다deepen.

이제까지 우리는 인간의 진화를 포함하여 현대에 이르기까지의 진화과정을 떼이야르의 진화현상론을 통해 대략 살펴본 셈이다. 그는 자신의 진화사상을 다음과 같은 세 명제로 나누어 요약한다.
① 물질계에서 가장 중요한 현상은 생명이다.
② 생물계에서 가장 중요한 현상은 인간이다.
③ 인간계에서 가장 중요한 현상은 인류의 점차적 집단화, 전체화 및 사회화다.[48]

우리는 이 세 명제에 의거하여 증대하는 복잡화 의식의 진로를 따라감으로써 발견한 진화의 중심적인 축에 대하여 살펴보았다. 이리하여 우리는 마침내 진화의 중심적 축이 인류의 사회화와 합치됨을 알게 되었다. 그렇다면 우리는 일종의 외삽법外揷法을 이용하여 이 진화의 축을 현재에서 미래로 연장시킬 수는 없을까? 우리는 진화의 축을 따라 미래를 내다볼 수 없을까?

---

[48] "Comment je vois" (1948) 7. "Turmoil or Genesis?" (1947): *FM* 214-5.

수렴하는 진화

진화는 시간상으로 미래를 향해 계속 진행하면서, 언제나 더욱 복잡한 물질의 배열과 더욱 고차원의 의식(즉, 정신)에 도달한다. 진화 과정은 생명의 출현과 사고의 발생이라는 두 임계점을 거친 후 사회화의 증대를 통하여 인간 안에서 계속 진행되고 있다.

그렇다면 미래에 또 다른 임계점이 있을까? 복잡화 의식이 증대하는 방향으로 전진하는 진화에 어떤 한계점이 있을까? 떼이야르는 이 문제에 대하여 다음과 같이 말하고 있다.

> 적어도 두 가지만은 확실한 것 같다. 첫째, 이미 인간이 도달하고 있는 "집단적인 조직화"라는 입장에서 고찰할 때, 혹성화planetization 의 과정은 언제나 일치를 증대시키는 방향으로만 전진할 수 있다는 것이다. 그리고 둘째로 확실한 것은, 이 일치의 증대는 본질적으로 수렴의 성격을 지니고 있어서 진화가 자연적인 한계점도 없이 무한정하게 계속될 수 없다는 점이다. 어떠한 원추형에도 정점이 있다.
>
> 그렇다면 결국 인류의 집단을 진화의 궁극적인 상태, 즉 진화의 정상에 올려놓기 위해서는 연속성과 동질성 때문에라도, "반성기관"의 중심부에 자리잡고 있는 일종의 초점을 설정해 놓아야 한다. 이와같이 생각하면, 인류의 전 역사는 두 임계점 사이의 발전 과정으로 고찰된다. 두 임계점이란 가장 낮은 원초적 의식의 점과 가장 높은 "정신권에 속하는 반성의 점"이다. 생물학적으로 말한다면 인류는 심적으로 자체 안에 응축될 때(이렇게 되자면 아마 수백만 년은 걸릴 것이다) 비로소 자체를 완성하고 내적 균형을 취할 수 있을 것이다.[49]

우선 사회화는 일치의 증대를 지향하여 진행될 따름이다. 사회화의 압축기에 접어든 인류는 점차 축소되고 있는 이 지구 위에서 가능한 한 자체를 잘 정비하여 경제적·사회적·기술적 조직체를 이용하고 또 새로운 것을 고안함으로써 진보를 촉진하지 않을 수 없게 되었다. 다시 말하면 반성작용을 하지 않을 수 없고, 이에 따라 결국 "더 인간적"으로 발전한다는 것이다. 인간은 점차 축소되고 있는 세계에서 자기 자신을 환경에 더욱 잘 적응시키지 않으면 안된다. 인류의 성장이 제한된 지표면에 적응해야 한다는 사실 — 즉, 지구의 지리적 만곡灣曲 — 때문에 인간은 가일층의 조직화와 일치를 지향하여 전진하지 않을 수 없도록 압력을 받고 있다. 그러나 떼이야르는 인간의 일치에 관한 그의 논문에서 이것만이 전부는 아니라고 말하고 있다. 이 지리적 압축력 외에도 오늘날 기계적이 아닌 정신적 만곡을 야기시켜 영향을 미치고 있는 또 하나의 강한 힘이 있다는 것이다. 인간을 둘러싸고 있는 "반성적인 심적 상황"은 인간이 진보하지 않으면 살 수 없도록 구성되어 있고, 이에 따라 인간 상호간의 밀접한 접촉이 없이는 세계가 발전할 수 없게 되어 있다.[50]

요약해서 말하면 오늘날 인류는 불가항력의 두 요인, 즉 지구의 지리적 만곡과 수렴하는 정신의 만곡으로 인하여, 상상할 수 없을 정도로 조직화된 복잡화와 반성의식을 지향하여 이전보다 더욱더 활발하게 움직이지 않을 수 없게 되었다. 이 고차원의 사회화를 위해서는 언제나 내적 단일성 — 전인류의 일치 — 을 강화하는 조건이 필요하고, 이에 따라 이러한 조건을 만들고 있다.

더구나 인류의 사회화와 통일의 강화는 그것이 수렴의 성격을 지니고 있는 이상 영원히 계속될 수 없다. 또 한번 비유를 들어 설명

---

[49] "The Formation of the Noosphere" (1947): *FM* 178-9.

[50] "How May We Conceive and Hope that Human Unanimization Will Be Realized on Earth?" (1950): *FM* 283.

한다면, 사회화는 지구의 적도를 지나 압축기에 들어간 후 반대편 극을 향하여 진행되고 있다. 떼이야르는 사회화가 수렴하는 극은 미래에 있을 진화의 임계점이라고 말한다. 떼이야르가 생각하는 사회화의 전 과정은 인류가 자체 안으로 모이는 경향인 동시에 "가설적인 미래의 어떤 최대점"(전반적으로 정신권이 자체를 향해 집중하는 최대점)을 향한 사회화의 수렴이다. 만일 진화의 곡선을 미래로 연장한다면 자체 안으로 집중되는 인류의 기술적·사회적·정신적 수렴 때문에라도, 시간적으로 유일한 미래의 어느 시기에 공동사고가 발생하리란 것을 예상해야 한다.[51]

떼이야르는 이 공동사고의 발생을 진화의 한 임계점으로 보고, 이것을 초超사고라고 부른다. 그는 자기가 세운 진화의 초물리학에서 사회적 초사고라는 어떤 임계점이 미래에 있을 것이라고 주장한다. 이 점은 진화가 수렴하는 초점, 즉 진화의 한계점이다. 인류는 수렴하는 진화의 초점(비록 가정적인 점이긴 하나)에 도달할 때, 비로소 종의 통일과 개체의 개성화도 그 절정에 이른다.

떼이야르는 인류가 합일하고 개성화하는 이 미래의 초점을 "오메가 점"이라고 부른다. 즉, 오메가는 사회화 과정의 한계점인 동시에 진화 자체의 한계점이다. 그가 진화현상론에서 논한 이 특수 단계에서 살펴볼 때, 오메가는 인류가 장차 도달할 미래의 상태다. 그것은 실로 인간의 미래의 활동, 즉 사회적 반성의식의 발생이다. 정확히 말한다면 오메가는 진화의 한계점인 만큼 진화 안에 포함될 수 없기 때문에, 진화 과정 밖에 있다고 생각할 수 있다. 그러나 오메가 점이 진화의 한계점이라는 것을 생각할 때 그것 역시 진화의 일부분, 즉 진화의 종국점이라고 볼 수 있다. 그러므로 오메가는 모호하고 불명료한 개념이다. 그렇지만 이때문에 오메가점의 필수적인

---

[51] "Un sommaire de ma perspective 'phénoménologique' du monde": *Les etudes philosophiques* 10 (1955) 570.

특성을 언급하지 못할 것은 없다. 이리하여 떼이야르는 오메가 점에 대한 분석을 중단하지 않을 뿐 아니라, 더욱 신중하고 치밀하게 다루고 있다. 그 결과 인류의 미래 활동으로서의 오메가에서 독립적이고 기존적인 인격의 중심으로서의 오메가로 발전한다.[52]

---

[52] *MPN* 115-21.

오메가 점

우리는 확실히 오메가 점에 도달할 수 있는가? 인류는 최고도의 연대성과 개성화에 도달하고 만다는 것을 어떻게 보증할 수 있는가? 진화의 초물리학으로써는 분명한 보증을 할 수 없다. 세계는 인간을 통하여 미래의 초점을 향해 진화한다는 것과, 진화가 그 초점에 도달할 것이 확실하다는 것은 별개의 문제다. 떼이야르는 오메가 점에 도달하기 위한 필요조건이 무엇인지를 묻고 있다.[53] 우선 외적 조건이 있다. 우연히 일어날 수 있는 어떤 우주적 대재앙이나, 핵으로 인한 대사고로 인류가 전멸하리란 가상은 무시할 수 있겠지만, 미래의 식량난이나 필요한 금속류가 부족하게 될 가능성은 있다. 인류가 앞으로 어떻게 생존해 나가느냐 하는 중요한 문제는 미래의 기술이나 지혜로는 해결하지 못할 수도 있다. 인류는 외적인 어떤 난관으로 인하여 오메가에 도달하기 전에 사멸하거나 진화가 중단될 수도 있다. 그러나 오메가 점에 도달하기 위해서는 외적 생존 조건보다 내적 조건이 훨씬 더 중요하다. 내적 조건이란 바로 전진하고 진보하려는 인간의 의지를 말한다.

   무생물과 동물도 항구적인 생존경향을 가지고 있다. 인간의 경우 반드시 이렇지는 않다. 인간은 미래를 내다볼 수 있다. 만일 인간이 자신의 존재와 본성에 적응할 미래를 예견할 수 없다면, 생존의 의욕은 상실될 것이고, 따라서 떼이야르가 말한 "삶의 맛"을 잃게 될 것이다.[54] 그러므로 진화에는 어떤 결과가 있고, 또 세계는 결코 그

---

[53] *MPN* 118-21; "The Directions and Conditions of the Future" (1948): *FM* 227-37.

[54] "Le goût de vivre" (1950): *OE* 7, 239-51; "Du cosmos à la cosmogénèse" (1951): *OE* 7, 273-5.

진로가 막힌 것이 아니라, 어떤 출구가 있음이 보증되어야 한다. 인류가 만일 살 희망이 없는 병폐나, 세계 안에 폐쇄되어 있다는 고뇌에 찬 감정이나, 인류가 전멸하리라는 두려움에 사로잡힌다면, 앞으로 계속 전진할 의욕을 잃게 될 것이다. 비록 외적 조건이 아무리 이상적이라 하더라도, 그것은 "인간의 노력을 증진해야 한다"는 내적 조건(전진하려는 인간의 의지)에서 나오는 것이다.

> 인간이 만일 복잡화 의식을 증대하려는 항구적인 의욕을 버리거나 혐오하는 경우, 비록 무한량의 석탄과 석유 및 식량을 보유한다 하더라도, 인류 진화의 왕성한 힘은 한갓 얼어붙은 동토에 방치된 것 같이 쇠진하고 말 것이다. 유물론자들은 아직도 "인간 생물학"에 대하여 고찰하지 않지만, 인간에게는, 영원한 생명의 추진력이 안으로 방향을 돌려, 생명의 열정으로 변화하는 성향이 있음을 부인하지 않는다. 그러므로 무료한 노동자, 기사技師, 과학자에게 생산적인 일을 시키도록 하자! 진화가 계속 진행되려면 무엇보다 먼저, 어떤 희생을 치르더라도, 인간은 자신의 심중에 이 추진력을 보유하고 증대해야 할 것이다.[55]

그런데 인간의 경우 생존의 본능은 "삶의 맛"으로 나타나고, 따라서 (미래에 대한 전망이 밝지 않다면) 이 삶의 맛을 잃을 수도 있다. 우주가 폐쇄되어 출구가 없으며, 추정적인 오메가 점, 즉 인류가 존재할 수 있는 극한점이 없다는 것을 인간이 깨닫게 될 때, 어떤 일이 생길는지를 떼이야르는 스스로 묻고 있다. 이에 대하여 그는, 인간은 마치 갱도가 막혀 있는 것을 알아낸 광부처럼, 당장 활동할 용기를 잃게 될 것이라고 대답한다. 즉, 앞으로 나아가려는 인간의 의

---

[55] "The Human Rebound of Evolution" (1947): *FM* 205.

지와 추진력은 완전히 좌절하고 말 것이다.[56]

　인간의 경우 진화는 의식적으로 진행되고 이에 따라 미래를 내다볼 수 있다고 떼이야르는 지적하고 있다.

> 진화가 의식적인 성격을 띠기 시작하는 순간부터 그것은 필연적으로 불가역전적不可逆轉的(영구적)임을 인식하지 않으면 결코 계속 진행될 수도 증진될 수도 없다. 미래가 비록 정신권의 형태를 취하고, 또 인간이 꾸준히 미래를 응시하며 살아가더라도, 그것이 결국 허무로 돌아가고 만다면, 그러한 생활은 무슨 소용이 있겠는가? 그럴 바에야 차라리 삶을 단념하고 죽어버리는 것이 낫지 않을까? 극단적으로 말해서 이런 경우 이기주의 아닌 희생이란 정말 싫증나고 불합리한 것이 아닐 수 없다.[57]

떼이야르는 이러한 추리를 거쳐서 다음과 같은 전제를 얻고 있다. 만일 진화가 지향하고 있는 수렴의 극이, 반성적 요소들이 모여 일단一團을 이룬 일시적이고 역전적逆轉的인(즉, 항구적이 아니고 불확정적인) 비인격적 집단에 불과하다면, 자연히 진화는 부진하고 마침내 중단될 것이며, 인간은 진화가 결국 허무한 종말을 향하여 진행함을 의식할 것이다.[58] 달리 말한다면, 어쨌든 오메가는 지금 존재하는 것이라야 하고, 또 불가역전성을 가져야 한다. 떼이야르는 또 오메가를 다음과 같이 이해할 필요가 있다고 말한다. 즉, 그것은 우주가 최고도로 응축될 때, 통일과 개성화의 자존적·궁극적 원리인 어떤 중심과 서로 만나는 점이다. 더구나 오메가는 인간이 전진할 출구가 있음을 보증하고, "불가역전의 최고 원리"가 됨으로써,

---

[56] "La biologie, poussée à fond, peut-elle nous conduire à émerger dans le transcendant?" (1951): *OE* 9, 279.

[57] "The Human Rebound of Evolution" (1947): *FM* 206.　　　[58] *MPN* 120-1.

인류는 어떤 임계점을 지나 오메가와 결합되어 영구적이고 불가역전적인 존재가 된다.

떼이야르가 오메가 점을 자존적인 중심 및 수렴하는 진화의 초점으로 생각하고, 그것을 자신이 세운 가설의 일부분으로 삼은 것은 이때문만이 아니다. 그는 1948년에 「인간의 미래」에서, 인류는 불가항력적인 강압으로 인하여 결속될 여건에 처해 있다 하더라도, 인간이 밀접하게 접근함으로써 서로 사랑하게 될 때, 비로소 자신을 발견하고 형성할 것이다[59]라고 말하고 있다. 그러나 또 그는 인간의 집단적 조직 그 자체의 힘만으로는 오메가에 도달하기 전에 거쳐야 할 사회화 과정에 필요한 일심―心을 이루기에는 충분하다고 생각하지 않는다고 말하고 있다. 그는 이전보다 더욱 큰 확신을 가지고 다음과 같이 언급하고 있다.

> 사람들 사이에는 서로 끄는 인력이 숨어 있고, 이 힘이 때로는 이완될 수도 있다. 그런데 이 인력은 핵 에너지와 같이 제나름의 힘을 가지고 있는 것 같다. 그리고 인간의 결합에 필수조건이 되는 이러한 종류의 인력은 정신이 집중하는 어떤 궁극적 중심 — 초월적인 동시에 내재적인 — 에서 방사되는 에너지와 근본적으로 결부되지 않을 수 없다. 이러한 중심이 있기 때문에 인간의 활동은 전진하고 후퇴할 수 없게 되고, 이에 따라 인간은 미래를 의식하고 반성하면서 죽음을 무릅쓰고 진화의 진로를 따라 전진하려는 의욕을 가질 수 있다. 쉽게 말해서, 이러한 중심은 인간의 활동을 촉진하는 데 필요불가결한 것으로 생각된다.[60]

그런데 오메가 점은 "현존하는 자존적 중심"이고, 또한 불가역전적

---

[59] "The Directions and Conditions of the Future" (1948): *FM* 235. [60] *FM* 236.

인 중심이다. 그리고 그것이 비록 진화작용의 극점이긴 하나, 진화 과정과 시간 및 공간이라는 진화의 조건을 초월하는 존재다. 자율, 현존現存, 불가역전성 및 초월성은 오메가 점의 네 가지 속성이다.[61]

요약하여 말하면, 떼이야르는 오메가 점이 복잡화 의식의 곡선 최종단最終端에 자리잡고 있는 최후 최고점일 뿐 아니라, 추측적이고 개연적인 미래의 점이며, 인간의 공동사고에서 나오는 활동이고 따라서 진화의 산물이라는 최초의 가정에서부터 오메가를 분석한다. 그는 이 오메가가 미래에 존재하려면 어떤 조건이 필요한가를 논함에 있어서, 오메가 점은 자존적인 현실적 존재 — 인간과는 별개의 존재 — 라는 가정을 세운다. 오메가 점은 애매하게도 진화 과정의 일부분이라 하더라도, 진화의 자연적 산물이라기보다는 오히려 진화작용을 초월하는 존재로 알려져 있다. 그렇지만 오메가가 진화에 의존하기보다는 진화가 오메가에 의존한다. 자율적·현존적·불가역전적 및 초월적 오메가를 논한 떼이야르의 논증은 순환 논증같이 보일지 모르고, 어느 면으로 보면 사실 그러하다. 그는 오메가의 존재를 그가 세운 진화론 — 일종의 가설 — 의 일부분으로 삼고 있다. 왜냐하면 그렇게 해야만 그의 가설은 일관성이 있고 또 더욱 큰 의미를 가지기 때문이다. 떼이야르가 오메가의 존재를 긍정적으로 논할 만한 논증의 바탕은 "생명이 의미가 있는 것이라면, 오메가도 존재해야 한다"라는 생각이다. 그는 「인간의 현상」에서 이것을 특별히 확언하고 있다.

> 우선 자연이 미래에 대한 인간의 기대를 막아버린다면 수백만 년의 노력 끝에 얻은 사고도 자멸적이고 부조리한 세계에서 질식하고 좌절할 것이다. 그렇지 않으면 인간의 정신을 초월하는 초정신이 나

---
[61] *PM* 268-72.

타나야 한다. 이러한 경우 인간이 미래를 향해 전진할 의미를 가진다면, 출구는 무한한 우주의 정신적 공간(우리는 여기에 우리 자신을 주저없이 맡기고 있다)을 향해 활짝 열려야 할 것이다. 후자의 경우, 이것을 긍정할 수 있는 가장 큰 보증은 바로 이러한 기대가 매우 바람직한 것이라는 점이다.[62]

떼이야르 드 샤르댕의 진화현상론은 일관성있는 우주관 확립에 기초가 되겠지만, 결코 융통성없는 학설은 아니다. 그의 진화현상론은 융통성이 없기는커녕 자신의 종교적 사상의 바탕이 되고 있다. 다시 말해서 그것은 "역사 안에 자신을 계시하는 신"에 관한 전반적 문제를 다루고 있다. 그의 진화론은 자율적·초월적·불가역전적인 진화의 중심에 관하여 언급함으로써, 그의 가설은 우주와 오메가와의 정확한 관계 문제 및 오메가의 특성에 관한 문제까지 제시하고 있다. 결국 그의 진화현상론은 계시와 그리스도교의 현상에 관한 문제를 제시한다. 그의 진화론은 적어도 일관성있는 우주관의 토대가 되고 있다. 그러나 훌륭한 가설에는 일관성과 더불어 생산력fecundity이 있고, 이에 따라 그의 진화현상론은 더욱 심오한 현실문제들을 심각하게 제시하고 있다. 그것도 그럴 것이, 인간 존재와 인간활동에 참된 의미를 부여하는 우주관은 과학적 현상론이 지적하는(제공하는 것이 아니다) 요소들을 필요로 하기 때문이다.

---

[62] *PM* 233-4.

③ 의미있는 우주

불안은 인간의 출현과 동시에 생겼지만, 현대인은 급속도로 진보하는 세계와 밀접한 관계가 있는 특수한 불안으로 고민하고 있다. 현대인은 누구나 의식하건 말건 존재에 대한 근본적 고뇌, 다시 말해 실존에 대한 보편적 불안으로 인하여 정신적으로 매우 고민하고 있다. "무엇인가 우리를 위협하고, 우리는 무엇인가 이전보다 더욱 부족을 느끼고 살지만, 실상 그 정체를 정확하게 말할 수는 없다."[1]

떼이야르는 현대의 불안을 분석하면서, 이 불안의 근본 원인은 소위 사멸에 대한 공포증 — 폐쇄감 — 에서 오는 고뇌라고 주장한다. 그러므로 그것은 단순히 미래에 대한 두려움이거나 개체의 죽음에 대한 두려움이 아니라 결국 "미래는 없다"는 두려움, 즉 "인류의 전멸"에 대한 두려움이다. 현대인의 특징은 진화를 의식하는 데 있다. 그리고 현대인의 불안은 "진화에는 어떤 결과 — 어떤 적절한 결과 — 가 있다고 확신할 수 없는 데서 생긴다".[2] 즉, 인간이 전진할 진로가 막혀 계속 진보할 수 없다고 생각할 때 불안이 생긴다.

떼이야르는 그의 생애 말기에 「인간의 출현」에서 "나는 나 자신과 나의 주위에서, 현대인의 정신 속에 숨어 있는 커다란 선입견을 해가 갈수록 더욱 심각하게 깨닫게 되었다. 그것은 세계 정복을 위한 투쟁이기보다 현세 도피의 방법을 찾으려는 것이다. 인간이 불안한 우주에서, 공간적으로뿐 아니라 존재상으로 폐쇄감을 가질 때 따라

---

[1] *PM* 227.   [2] *PM* 229.

오는 고뇌!"³ "인간은 이 광대무변한 우주에서 자기상실의 두려움을 느낄 때, 모든 의미를 잃을 것이다. 서서히 만사가 중지되고 말리라는 두려움, 전진할 진로가 없다는 두려움, 바로 이것이 현대인의 가슴속에 도사리고 있는 치명적 불안이다."⁴ 진로가 막히고 밀폐된 우주는 인간에게 무의미하고, 인간의 생존 및 활동에 대한 열의를 말살하여 마침내 질식시킬 것이다. 진로 막힌 무의미한 세계에서는 인간의 노력이 영구적 가치를 지닐 수 없다. 그러므로 인간은 자신의 노력과 활동 중 영구적이고 영속적인 가치가 있는 것도 있다는 것을 확신해야 한다.

    떼이야르는 세계 발전에 대한 미래의 낙관적 전망이 현대인에게 심적으로 가장 절실히 요구되는 것이라고 말하고 있다. 이와 같은 보증이 없다면, 다시 말해서 전체사의 두려운 전망을 버리지 않고는, 세계 발전이 부진하고 인간의 모든 활동도 중지되고 말 것이다.⁵

떼이야르는 이것을 보증할 수 있고, 세계는 의미가 있으며, 인간의 활동도 영속적 가치가 있다는 것을 현대인에게 역설한다. 그는 두 가지 방법으로 이것을 시도한다. 즉, 하나는 현상에 관한 객관적 연구방법 — 점차적으로 포용성을 지니는 보편적 가설을 하나씩 세워 나가기 위해 자료를 수집하고 정리함 — 이고, 또 하나는 신학적 사고방법이다. 떼이야르가 세계는 의미가 있고, 인간의 노력은 영속적 가치가 있다는 비전을 현대인에게 보이려는 제1 단계의 시도가 바로 진화현상론이다.

---

³ "Le coeur de la matière" (1950) 32.

⁴ "The Singularities of the Human Species" (1954): *AM* 208-9; C. Mooney, S.J., *Teilhard de Chardin and the Mystery of Christ*, 13-33.

⁵ C. Mooney, S.J., *Teilhard de Chardin and the Mystery of Christ*, 67.

떼이야르의 진화현상론의 핵심은 경험계에 항존하는 복잡화 의식의 법칙이다. 이 법칙에 의하면, 우주는 항상 더욱 복잡한 질료적 배열과 이에 상응하여 더욱 높은 의식을 향해 움직이고 진화한다. 이리하여 진화는 생명 출현 및 반성의식의 발생이라는 두 임계점을 거친 후 인간 안에서, 기술 진보와 사회화에 의하여 항상 더욱 복잡한 배열과 더욱 높은 심적 긴장, 즉 의식을 향해 계속된다. 이러한 관점에서 볼 때 진화는 어느 한 점을 목표로 수렴한다. 다시 말해서 진화는 한계점(복잡화 의식이 최고도로 발전하는 내적 극한점)이 있다. 그런데 인간이 진화를 의식함으로써, 진화는 인간 안에서, 인간을 통하여 오메가 점Omega point(이것은 떼이야르가 붙인 용어다)이라는 수렴의 초점을 향해 계속 진행된다.

진화는 인간 안에서 의식되고 자유롭게 되므로 당연히 수렴할 뿐 아니라, 불가역전적이라고 떼이야르는 주장한다. 진화는 절멸絶滅, 즉 전체사를 면할 수 있다는 보증이 없이는 도저히 계속될 수 없다. 불가역전성을 긍정하면, 초월적인 통일의 중심인 오메가 점의 존재도 긍정된다. 이상이 진화하는 우주의 초물리학, 즉 떼이야르의 진화현상론의 요점이다.[6] 다시 말해서 떼이야르의 진화현상론은 우주의 진화 구조에 관한 일반적 가설이고, 앞으로 더욱 깊이 탐구되고 정리될 여지가 있는 하나의 역동적 가설이다.

그의 진화현상론을 더욱 깊이 고찰하면, 그것이 그리스도교와 그리스도 교회에 관한 신앙의 근거를 논리적으로 제시함(합리적인 방법으로 초자연 신앙에로 이끌어감)으로써, 일종의 그리스도교 변증법의 구실을 한다. 이러한 변증법을 통하여 오메가 점과 부활한 그리스도가 동일한 존재라는 결론에 도달한다. 이리하여 결국, 떼이야르의 변증법은 그리스도의 신학에 가까워진다. 그러나 떼이야르

---

[6] "La pensée du Pére Teilhard de Chardin": *Les etudes philosophiques* 10 (1955) 580-1.

는 결코 자기의 변증법과 그리스도의 신학을 혼동하지 않는다. 왜냐하면 그의 변증법이 비록 계시의 힘을 빌려 이해된다 하더라도, 어디까지나 과학적 현상론의 위치에 머물러 있기 때문이다. 훌륭한 변증법은 모두 그러하겠지만, 그의 변증법도 본질적으로는 계시에 의존하지 않고, 오직 계시를 인식할 뿐이다. 그는 자신의 변증법에 관하여 미출판된 편지에서 다음과 같이 언급하고 있다.

> 나는 가신성可信性의 근거가 심리적으로 어떻게 발전하는가 — 바티칸 공의회의 제1 회기에서, 가신성은 "이성을 통하여 신을 찾으려는 노력"이라고 정의하였다 — 를 서술하는 것뿐이다. 계시를 받아들이는 초자연적 행위 이전의 단계에서도 "신학적인 신앙행위"는 부인되지 않는다. 왜냐하면 아직도 신앙행위를 고찰할 시기가 도래하지 않았기 때문이다.[7]

떼이야르의 변증법에는 그리스도교 교리의 정당성을 지적하는 추리 과정이 제시되어 있다. 다시 말해서 그것은 신앙의 가신성을 논증하고 있다. 드 뤼박 신부는 이에 관해 다음과 같이 언급하고 있다.

> 초자연 신앙의 형상인形相因(formal cause)은 신이 인간에게 제시하는 자신에 관한 증거다. 떼이야르 신부는 이것을 잘 알고 있었다. 그러나 그가 신자 아닌 사람에게 말하는 경우는 이와 전혀 다르다. 그는 비신자를 초자연 신앙의 문턱으로 인도하려고, 우선 신자에게나 미신자에게 다같이 통하는 어떤 인간적 신앙에서 출발하여 여러 가지 신앙의 근거를 제시한다. 우리는 건전한 변증론자의 방법으로 볼 수 있는 떼이야르의 방법에 관하여 이 이상 운운할 필요가 없다.[8]

---

[7] H. de Lubac(R. Hague 역), *Teilhard de Chardin, the Man and His Meaning* (1965) 187.

떼이야르는 오메가 점에 관하여도 논급하고 있는 그의 진화론을 변증법의 기초와 제1 단계로 삼고, 여기에서 제2 단계로 넘어간다. 이리하여 제2 단계에서는 오메가 점의 존재와 성격에서, 신의 계시가 인간에게 전달될 가능성이 크다는 것을 추론한다. 그는 여기에서 제3 단계로 들어가, 계시의 가능성을 주장하는 그리스도교 교리의 진실성과 당신성當信性을 객관적 및 현상론적으로 고찰한다.

---

[8] 동상 171.

계시의 개연성과 그리스도교의 현상

우리가 진화의 전 과정을 원추형으로 생각할 때, 진화 과정은 오메가 점에 해당하는 원추의 정점을 향해 움직이고 수렴한다. 떼이야르의 분석에 따르면, 오메가 점이 진화 과정의 종점이므로 그것은 결국 진화 과정의 일부분이고, 따라서 진화 안에 포함된다. 또 달리 보면, 오메가 점은 자율적·초월적·신적이다. 떼이야르는 오메가 점이 진화를 초월하는 한, 그것이 바로 신이라고 주장한다.[9] 이렇게 생각하면, 오메가는 단순히 미래의 수렴점이 아니라 현존하는 신이다. 이에 따라 진화의 개념도 달라지게 되었다. 전에는, 외관상으로 자발적인 진화 과정이 더 높은 의식을 향해 진행할 뿐, 복잡화 의식의 곡선을 따라 진화를 진행시키는 원인은 전혀 분명하지 않았다. 그런데 이제는 초월적 신이 우주를 끌기 때문에 우주가 진화함을 알게 되었다.

떼이야르는 이제 자신의 변증법에서, 우주는 앞에서 만물을 끌어당기는 제1 원동자(물리적 및 생물학적 영역에서뿐 아니라, 인간의 의식계에서도)인 "신-오메가"God-Omega에 의하여 움직임을 충분히 알고 있다. 떼이야르의 추론에 의하면, 만일 신이 인간적 영역(지성, 사랑, 자유의 영역)에서 만물을 앞에서 이끌어주는 제1 원동자라면, 인류에게 무엇인가를 알리고, 또 자신 및 자신의 계획을 인간에게 전달할 수 있다는 이론적 개연성이 성립된다는 것이다. 즉, 신-오메가가 진화의 궁극적 원동자로서 의식과 개성화의 궁극원리가 된다면, 신은 인간 본성과 자기 자신에게 적합한 어떤 방법, 다

---

[9] "Esquisse d'une dialectique de l'esprit" (1946): *OE* 7, 149-58.

시 말해 인격적 방법(말씀이나 언어)을 통해서, 자신을 인간에게 계시하리라는 것은 당연한 생각이다. 위격신이 인간에게 계시를 내리는 것은 있을 법한 일이다.[10] 떼이야르는 「인간의 현상」의 맺는 말에서 이러한 초자연 계시의 개연성을 다음과 같이 논증하고 있다.

> 만일 오메가가 종말에 의식의 수렴에서 생겨날 관념적 초점에 불과하다면, 우리는 이러한 수렴이 있기 전에는 오메가 점에 관해 전혀 알 수 없을 것이다. 그렇다면 인격의 총화로 나타나는 에너지 외에 인격적 성격을 지닌 또 다른 에너지는 지상에 나타나지 않을 것이다.
> 그러나 이와 반면에, 이미 앞에서 고찰한 것처럼, 오메가가 이미 존재하고 사고집단 한가운데서 활동하고 있다면, 바로 지금도 어떤 표적表迹을 통하여 그 존재를 나타내야 할 것이다. 진화가 하급 단계에 속하는 존재에서 진행하려면, 세계의 의식극the conscious pole of the world은 생물학적인 비인격적 형태로만 작용할 수 있다. 이 오메가는 하나의 중심에서 모든 중심(사고하는 본체인 인간)으로 — 인격적으로 — 발산할 수 있다. 그렇게 되는 것이 당연하지 않겠는가?[11]

떼이야르는 여기에서 그리스도교를 단순히 하나의 현상으로 고찰한다. "우리는 그리스도교의 실상을 알고 있다. 그것은 세계의 다른 실재들realities 중 하나다."[12] 떼이야르가 종교문제를 탐구하려 하지만, 우리는 그가 아직도 엄밀한 과학적 현상론의 방법을 쓰고 있음을 명심해야 한다. 그는 변증법의 마지막 단계에서도 여전히 계시를 원천으로 삼지 않고 추리한다.

떼이야르는 그리스도교를 분석하기 전에, 우선 세계의 여러 종교를 고찰하고 비교한다. 그가 수립한 변증법의 관점에 의하면, 그는

---

[10] *OE* 7, 155.   [11] *PM* 291-2.   [12] *PM* 292.

기존의 계시를 찾고 있다. 그런데 어디서 그것을 찾을 것인가가 문제다. 그는 신의 계시를 찾는 데는 그리스도교가 가장 적합한 종교임을 주장하기 전에, 우선 세계의 여러 종교를 고찰한다.[13] 그렇다면 그가 세계의 여러 종교를 비교할 때 무엇을 기준으로 삼는가? 과거의 가장 체계적인 변증법에서는, 그리스도교의 가신성을 증명하는 데 기적을 많이 말하였다. 그러나 떼이야르의 변증법에서는 기적이 진리의 한 기준은 되나, 오직 종속적이고 제2차적인 중요성을 지닐 뿐이다. 떼이야르는 일관성과 생산성을 중요한 기준으로 삼는다. 즉, 종교의 진리는 인간에게 얼마만큼의 의미있는 세계관을 제공하는가? 또 얼마만큼 인간을 충동하여 의미있는 활동을 하게 하는가?에 달려 있다고 말한다. 그는 다음과 같이 언급하고 있다.

> 현대인은, 종교의 진리를 판가름하는 결정적 기준이, 그 종교로 인해서 우주가 얼마만큼이나 세계적인 의미를 지닐 수 있나 하는 데 있다고 생각한다. 현대적 관점에서 고찰하면, 진실한 종교란 전체로서의 세계에 깊은 영향을 미쳐, 최대의 일관성과, 인간의 활동욕에 최대의 관심을 갖게 하는 종교라고 생각된다.[14]

떼이야르의 변증법에 의거하여 이것을 설명하면, 결국 종교의 진실성 여부를 판가름하는 판단 기준은, 그 종교가 자율적이고 초월적인 수렴의 중심을 향해 증대하는 복잡화 의식의 진로를 따라 우주는 진화한다는 이러한 우주관과 얼마나 일치하고 있는가 함에 있다.[15] 이러한 우주관과 가장 잘 조화하는 종교야말로 가장 진실한 종교로서, 인간의 실존, 인간의 활동에 가장 깊이 관여하고, 이에

---

[13] "Comment je crois" (1934) 17-22.

[14] "Introduction à la vie chrétienne" (1944) 2.

[15] "Comment je crois" (1934) 18-9.

따라 인간의 생활 및 활동은 최대의 의미를 지니게 될 것이다.

떼이야르는 동양의 여러 종교와 공산주의를 포함한 현대의 신新휴머니스트적인 진보의 종교는 부적당한 것이라고 말한다. 한마디로 말해서, 동양의 종교들과 신휴머니스트적 진보의 종교는 실상 그 어느 것도 인간의 활동력을 고무하여 신-오메가를 지향하는 진화를 적절하게 촉진하지 못한다. 동양의 종교로는 인간이 능동적으로 진화에 참여하기 어렵다. 왜냐하면 동양의 종교로 인간의 활동이 촉진되기는커녕 오히려 위축되고 제거되기 쉽기 때문이다.[16] 그리고 사실상 진보의 종교로도 인간의 활동은 촉진될 수 없다. 이러한 종교에는 우주가 계속 진보할 여지, 즉 미래를 향해 탁 트인 통로가 없다. 이와같이 진보의 종교가 폐쇄된 구조를 지니고 있으므로, 이러한 종교에 따르면 우주도 역시 폐쇄되어 있다. 그러므로 이러한 종교로는 인류의 전멸 가능성이 배제될 수 없다. 진보의 종교는 죽음으로 끝장날 병을 지녀 실속이 없으므로, 제나름의 사상이 있긴 하나, 그것 역시 인간의 활동을 위축시키고 만다.

그러므로 떼이야르의 기준에 가장 적합한 것은 그리스도교다. 그리스도교는 인간의 노력을 촉진하여 진화작용에 적극적으로 참여하게 하는 종교, 즉 — 과학적 현상론의 견지에서 볼 때 — 가장 탁월한 종교로서, 다른 모든 종교보다 더욱 오래 존속할 것이다.

> 나의 관점에 따르면, 지구 정복을 위한 노력을 강조하는 신비주의와 신조信條 사이에서 생긴 역사적 알력은 인간이 어떤 세계관(인간으로 하여금 더욱 풍부한 감수성을 지니고 자유롭고 활동적인 존재가 되게 하는 세계관)을 탐구하는 기나긴 모색에 불과한 것이라고 말할 수 있다. 그것은 또 최후에 승리할 신앙이야말로 다른 어떤 신

---

[16] E. Tomlin, *The Oriental Philosophers*, 22.

앙보다 인간의 활동을 더욱더 고무할 수 있다는 사실도 의미한다. 그리고 여기서 철학적 또는 신학적인 모든 고찰을 떠나서, 그리스도교야말로 단연코 시공의 총체인 진화를 그리스도 안에서 불멸화하고 인격화하여 마침내 진화를 사랑할 만큼 비상한 힘을 가진 채 앞장선다.[17]

떼이야르는, 그리스도교를 객관적이고 경험적으로 고찰하면서, 그리스도교야말로 여러 가지 특징을 지닌 종교라고 주장한다. 그리스도교의 특징은 다른 종교에서는 볼 수 없는 강한 생명력, 즉 적응성 — 그리스도교는 이것을 통해 주로 정신권의 영역에서 고도로 발전한다 — 이다. 이 특징은 결국 인간의 현상을 연구함으로써 밝혀진 사실과 놀랄 만큼 부합하는 유사성이다.[18] 그리스도교는 인간 진화의 중심적인 문門이고, 또 우주적 수렴의 정신적·초월적 극과 밀접한 관계가 있음을 알 수 있다.[19] 그렇다면 왜 그리스도교에서 계시를 찾을 수 있다는 가설을 주장할 수 없겠는가? 떼이야르는 자신의 변증법을 통하여 의도하는 바가 있다. 그것은 비신자로 하여금 적어도 교회의 사상은 신적 사상을 표명한다는 가설, 즉 계시의 합리적 개연성을 수긍하게 할 뿐 아니라, 그리스도교에서 위격적인 신의 계시를 찾아야 하고, 또 이 계시로 인하여 인간의 생활과 활동이 의미있게 된다는 것을 하나의 가정으로 인정하게 한다.[20]

---

[17] "The Human Rebound of Evolution" (1947): *FM* 208-9.

[18] "Comment je vois" (1948) 15.

[19] *PM* 292-9; "L'énergie humaine" (1937): *OE* 6, 193-5.

[20] 1930년 4월 3일자의 편지 *Lettres a Leontine Zanta*, 114 참조.

그리스도교 신앙과 신학적 방법

떼이야르는 그리스도교의 메시지를 하나의 가설로 인정할 때까지 줄곧 이성과 과학적 현상론을 인정해 왔다. 그는 현상들을 객관적으로 검토하고 수집한 후, 정리된 사실들을 바탕으로 삼아 가설을 수립하였다. 그 가설 중 중요한 부분이 그리스도교의 진리다. 떼이야르는 그가 세운 변증법으로 비신자를 초자연 신앙으로 인도하고 있다. 엄밀하게 말해서 이것이 그가 세운 과학적 현상론과 변증법의 최후 단계다. 그는 이때까지 이에 관한 언급을 통해 이 사실을 명백히 표명하고 있다.

> 우리는 이성만을 이용하여 추리해 왔다. 우리는 오직 과학적인 가설의 테두리 안에서만 직관해 왔다. 우리가 위에서 오는 현실적인 해답을 받아들일 때, 어느 점으로 보아 확신을 가지게 된다. 그러나 이것은 이전처럼 단순히 주체와 객체가 서로 만남에서 생기는 것이 아니고, 두 의식의 중심과 중심이 접촉함으로써 생기는 것이다. 그러므로 그것은 단순히 앎이 아니라 인식이다. 다시 말하면 두 존재가 서로 자유롭게 자신을 개방하는 전체적인 교호작용이다. 그런데 이것은 은총의 감화로 생기는 신학적 신앙이다.[21]

떼이야르가 위에서 언급한 신학적 신앙은 강생한 신인 그리스도께 대한 초자연 신앙이다. 이 초자연 신앙에서 "신은 실제로 신앙의 제일 동인第一動因, 근원 및 신앙 발전의 터전이 된다".[22] 떼이야르의 주

---

[21] "Esquisse d'une dialectique de l'esprit" (1946): *OE* 7, 155.
[22] "La foi que opère" (1918): *Ecrits* 325. "Forma Christi" (1918): *Ecrits* 342-4.

장에 의하면, 그리스도교 신앙은 추리를 통해서나 가설의 일부로서가 아니라, 신의 증거를 받아들임으로써 강생의 사실을 인정하는 행위다. 떼이야르는 이제부터 비로소 계시를 원천으로 삼아 신학적으로 이것을 반성하고 설명하면서 자신의 사상을 전개한다. 그는 과학적 현상론의 체계를 그대로 보존하고, 이 현상론을 신의 계시와 통합하여 하나의 종합을 시도한다 하여, 그의 사상이 신학적 성격을 적게 띨 수는 없는 것이다.

  그의 사상이 형이상학적 성격을 지니지 않음은 사실이다. 왜냐하면 그의 사상이 존재론이나 어떤 선험적 추리에 근거하지 않았기 때문이다. 그의 신학사상은 신의 계시와 철학(예를 들면, 성 토마스의 철학이 아리스토텔레스의 철학에 바탕을 둔 것 같은)이 아니라, 신의 계시와 과학적 현상론을 원천으로 삼고 있는 신학이다. 그는 1919년에 벌써 자신의 신학이 철학적인 성격을 지니지 않았기 때문에 배척받을 것을 예견하였다. 그는 자신의 신학적 탐구에 관하여 친구들과 토론하는 편지에서 다음과 같이 언급하고 있다.

    나는 나의 정신 자세가 그들과 동떨어져 있음을 깨닫게 되었습니다. 나는 사물의 형이상학적 측면에 대하여, 존재할 수 있는 것과 존재할 수 없는 것에 대하여, 존재의 추상적인 조건들에 대하여 그들만큼 관심이 많지 않습니다. 이것이야말로 분명히 오해를 낳을 불완전한 점인지도 모릅니다. 나는 철두철미하게 현실 및 현실에서 생긴 결과에 대하여 민감한 사람임을 알고 있습니다. 나의 관심사는 진보의 조건들을 겉으로 나타나는 그대로 발견하는 것이지, 제1원리에서 출발하여 무엇인가 우주의 이론적인 발전을 발견하는 것은 아닙니다. 이러한 경향 때문에 내가 직업적인 철학자들에게는 언제나 문외한으로 취급받겠지요. 그러나 나에게 이러한 경향이 있을 때에, 나는 나의 역량을 발휘할 수 있다고 생각합니다. 그러므로 나는 계속하여 이 방향으로 나아가겠습니다. 그렇긴 하나 남들이 나를 그들 나름의 경향으로 이끌어갈 수도 있을 것입니다.[23]

떼이야르는 자기의 사상을 전개함에 있어서, 관찰된 현상들에서 출발하여 (복잡화 의식의 법칙을 따라) 가설(초월적인 오메가를 논하고 그리스도교적 현상을 고찰함으로써 끝맺는)을 세우는 인식론적 방법을 쓰고 있다. 그는 초자연적 신앙에 관한 이론적 문제점을 논할 때까지 줄곧 이 방법을 쓰고 있다. 그후 비로소 신앙에서 출발하는 새로운 인식론의 방법을 쓰고 있다. 이 새로운 방법이 바로 신학적 방법이다. 이리하여 그리스도교 신앙에서 인정되고 있는 계시는 떼이야르의 진화물리학과 함께 그리스도교 계시를 고찰하는 데 원천으로 이용된다.[24]

그러나 진정한 의미에서 떼이야르의 방법은 언제나 동일하다고 하겠다. 떼이야르의 경우, 신학 이전의 사상과 신학적 사상간의 실제적인 차이는 — 그 어떤 그리스도교 신학이나 마찬가지로 — 그의 신학도 계시를 원천으로 삼는다는 점이다. 그는 신학적 사상을 전개시킴에 있어서까지, 최대의 일관성과 풍요성을 지닌 가설을 세우려고 주어진 자료를 정리하는 그러한 방법을 쓰고 있다.[25] 그는 그리스도교의 메시지 중 중요한 부분을 해설하여, 가능한 한 조리와 일관성을 지닌 세계관을 제시하려 할 뿐 아니라, 그리스도교적 신비의 핵심을 전체적으로 통찰할 수 있는 관점을 제시하려 한다. 다시 말해, 그의 일반적 신학 가설은 일관성이 있을 뿐 아니라 그리

---

[23] *MM* 302; "Note sur le Christ-Universel" (1920): *OE* 9, 1, 6; "Action et activation" (1945): *OE* 9, 222, 227-9.

[24] C. Mooney, S.J., *Teilhard de Chardin and the Mystery of Christ*, 58-66.

[25] "Man's Place in the Universe" (1942): *VP* 227. "Esquisse d'un univers personnel" (1936): *OE* 6, 70-1; "Comment je vois" (1948) 1.

스도교의 신비를 더욱 깊이 고찰할 길을 터놓기 때문에 진리로 인정된다. 떼이야르가 신학적 가설을 세우는 데 이용한 자료가 모두 동일한 확실성을 가진 것은 물론 아니다. 계시의 진리에는 신앙의 확실성이 있고, 복잡화 의식의 법칙에는 귀납 추리로 얻은 과학적 법칙이라는 확실성이 있다. 또 진화가 수렴한다는 이론에는 과학적 확실성이 있는 따위다. 그렇지만 떼이야르는 계시와 초물리학을 모두 자료로 삼는다. 그의 관심거리는 상대적 확실성을 지닌 자료가 아니라, 현대인에게 최대의 의미가 있는 그리스도교적 비전 확립이다. 이리하여 떼이야르는 자기의 신학에 두 가지 원천을 이용한다. 즉, 그리스도교의 계시와 자신의 진화현상론(여기에는 그리스도교의 현상에 관한 것도 포함되어 있다)이 그것이다. 이와같이 떼이야르는 두 가지 원천을 이용하여 자신의 신학을 종합하기 때문에, 그의 저작을 보면 그는 이 두 가지 원천을 이따금 혼동하는 것 같다. 즉, 진화론에서 계시의 내용을 이끌어내거나, 계시를 이용하여 과학적인 우주 해설을 시도한다는 말이다. 그러나 진리와 동떨어진 것은 하나도 없다.[26] 즉, 결코 과학(또는 그의 진화 가설)의 결론을 계시만을 통해 알려진 사실들과 혼동하거나, 이 양자가 서로 타를 의존하는 합일론合一論을 기도하지는 않는다. 바로 이 점 때문에 그의 사상은 일반화된 합일론이라는 비판을 받고 있다. 그러나 그는 이러한 비판에 대하여 다음과 같이 답변한다.

> 합일론과 일관성을 혼동하면 안된다. 종교와 과학은 분명히 정신계의 다른 두 경선經線이다. 그러므로 이 둘을 서로 구별하지 않음은 잘못이다(합일론자가 범하는 오류가 바로 이것이다). 그러나 서로 다른 이 두 경선은 어떤 공동 관점의 극에서 반드시 만나게 마련이

---

[26] "Science et Christ" (1921): *OE* 9, 59-60.

다(일관성은 바로 이것을 두고 말한다). 그렇지 않으면 지식을 구하는 인간의 지적 탐구심은 분열되고 만다.[27]

과학적 인식과 순수한 종교적 인식이라는 두 경선은 제각기 다른 원리에 의존할 뿐 아니라, 그 인식의 원천과 방법도 다르기 때문에 당연히 구별되게 마련이다. 그러나 세계는 뜻이 있고, 우주는 일관성이 있음을 전제할 때, 이 두 경선은 결국 진리가 수렴하는 어떤 최종의 극에서 만나게 마련이다.[28] 아직 적도赤道에 머물러 있는데도 떼이야르는 최종의 극을 바라본다. 이 두 경선이 최종의 극에서 서로 만날 것을 예상하는 것도 그가 우주의 통일성을 전제하기 때문이다.

이때까지 고찰한 것은 떼이야르의 신학에 호교론적 의도가 없음을 말하기 위한 것이 아니다. 이와는 반대로 그것은 그리스도교가 현대인에게 의미심장한 것임을 말하려는 것이다. 현대인은 현세를 뜻있게, 또 인간의 활동을 값있게 해주는 그 무엇을 찾고 있다고 그는 말한다. 앞으로 인류가 원하고 받아들일 종교는 오직 "세계 진보"(인류의 상향운동에서 나타날)를 고무하고 이것에 의미를 주는 종교뿐이다.[29]

---

[27] "La pensée du Père Teilhard de Chardin" (1948): *Les etudes philosophiques* 10 (1955) 581.

[28] "Comment je vois" (1948) 1.   [29] "Introduction à la vie chrétienne" (1944) 2.

생동하는 교회

떼이야르는 신의 강생을 초자연 신앙의 근거로 받아들인 후, 그리스도교의 현상을 재고하되 그것을 단순한 어떤 현상으로만 고찰하지 않고, 신앙의 견지에서 살펴보고 계시를 자료로 삼아 그리스도교의 본질을 더욱 깊이 통찰한다. 떼이야르가 그리스도교 현상을 처음으로 분석할 때, 그리스도교가 인류 진화의 중심적 문central phylum이라고 생각하였다. 즉, 진화의 주축이 그리스도교를 통하는 것으로 보았다. 그러나 떼이야르는 그 이후 교회를 그리스도교적 신앙의 관점에서 진화의 문 — 근간 — 으로 생각하였다. 이제 이것을 고찰하기 전에, 잠시 진화의 문의 성격과 발전에 관하여 서술해 보자. 떼이야르는 문門이란 술어를 유비적으로 사용하였다. 우리는 문을 진화가 지향하는 방향들의 "다발"이라고 말하면 충분하다. 문은 어떤 종species 또는 종의 집단이 될 수도 있다. 이 문은 어떤 생물처럼 성장하고 번성한다.[30] 떼이야르는 문의 발전을 "인간의 창의에 의해 전개되는 연속 단계"에 비유한다.

> 우리는 이 연속 단계를 약 1세기간 줄곧 관찰함으로써 그것을 충분히 알게 되었다. 우선 관념은 이론이나 잠정적인 심리 과정의 형태를 취한 후 "급속한 수정기"가 뒤따른다. 이리하여 조잡한 형태는 끊임없이 다듬어지고 정리되어 마침내 완성 단계에 이르면, 새로운 창발創發은 팽창기와 균형기에 들어간다. 질적으로 말하면, 이 새로운 창발은 오직 미소한 변화를 겪을 뿐 이미 절정에 달한다. 그러나

---

[30] *PM* 114-5.

양적으로는 그것이 널리 보급되고 매우 견실하게 된다. 그것은 오늘날의 모든 발명 — 예를 들면 자전거에서 비행기, 사진에서 영화, 라디오에 이르는 발전 과정 — 에 적용되는 이야기다.

자연과학자들은 생명의 가지가 모색하는 생장곡선을 바로 이렇게 생각한다. 문은 처음에 생존력이 강하고 유리한 새로운 생물형을 모색하여 찾아낸다. 그러나 이 새로운 형이 단번에 실용적이고 적응적인 형태로는 되지 않는다. 이 새로운 형은 어느 기간 동안 전력을 기울여 자신에 관하여 무엇인가를 모색한다. 수많은 시험이 계속되나 쉽게 결정적인 성공을 거두지는 못한다. 그러나 결국 완성 단계에 이르고, 이 순간부터 변화의 리듬은 완만해진다. 이리하여 새로운 발명은 최고도에 이르고, 이제부터 정복의 단계로 들어간다. 새로 생긴 집단은 미완성된 주위의 여러 집단들보다 강하기 때문에 팽창되는 동시에 강화된다. 그것은 증가하긴 하나 다양화하지는 않는다. 이리하여 결국 최대의 성장기와 "안전기"를 맞게 된다.[31]

그런데 인류가 바로 이 "문"이다. 떼이야르가 그리스도교의 현상을 고찰할 때, 그리스도교는 인간 문human phylum 안에서도 중추적인 문이라고 생각하였다. 다시 말하면 진화의 주축은 인류를 통과할 뿐 아니라, 정확히 말해서 그리스도교를 통과한다는 것이다. 인간의 진화는 복잡화 의식의 축을 따라가면서 주로 사회화를 통하여 이루어진다. 이 진화는 성장의 임계점인 오메가 점을 향해 수렴한다. 그러므로 인류 진화의 주축은 그리스도교다. 떼이야르가 현상들만을 토대로 삼아 그리스도교를 고찰했더라면 모르거니와, 그리스도교의 계시를 더욱 훌륭한 원천으로 삼아 그리스도교를 고찰했기 때문에 자신의 사상이 옳다고 확신할 수 있었다. "그리스도교라는 문은 인

---

[31] *PM* 116.

간사회의 한 지맥支脈이나 곁가지가 아니라 바로 사회화의 축"[32]이라는 사실이 떼이야르 신학의 확고한 구성 요소가 되고 있다.

그리스도 신자는 인류 진화의 최종점이 세상 종말에 있을 빠루시아Parousia(그리스도의 영화로운 재림)라고 생각한다. 그러므로 떼이야르는 빠루시아를 사회화 과정의 궁극점(인류의 전체 사회에서 복잡화 의식이 최고도에 달하는 점)과 동일시한다. 그러므로 진화는 빠루시아를 향하여 교회라는 문church-phylum을 축으로 삼아 진행한다. "그리스도 신자는 인간화의 전 과정이 빠루시아를 준비하는 것에 불과하다고 생각한다."[33]

그런데 떼이야르가 "교회-문"이라는 용어를 쓸 때, 그것은 바로 가톨릭 교회를 뜻한다고 봄이 좋겠다. 떼이야르는 로만 가톨릭 교회만이 그리스도교의 진정한 표현이라고 해도 부당한 주장은 아니라고 한다. 오히려 가톨릭 교회의 특수성이야말로 불가피한 유기적 요구를 각별히 충족시킨다고 말한다. 그리스도교는 모든 진리를 단번에 받아 문자 그대로 보존하는 고정되고 융통성 없는 기관이 아님은 물론이다. 그리스도교는 핵심적인 계시를 바탕으로 삼아 끊임없이 발전한다. 생물학적으로 그리스도교는 "진화의 문" 역할을 한다. 그리스도교는 생물학적 필연성에 의하여 결국 문의 구조를 가지게 마련이다. 따라서 그리스도교는 집단적으로 결속된 정신적 요소들의 유기적·진보적 기관이어야 한다.[34] 그런데 이러한 특징을 가진 종교는 가톨릭교뿐이다. 가톨릭 교회에 무류성無謬性이 있다는 말도, 교회 역시 어떤 다른 "문"과 같은 하나의 "문"으로서 무수한 암중모색을 거쳐야만 비로소 성숙과 완성에 도달할 수 있다는 뜻에 불과하다. 이것을 달리 말한다면, 교회는 "비상한 활력을 지닌 문"

---

[32] "Turmoil or Genesis?" (1947): *FM* 215; *DM* 117.

[33] "Turmoil or Genesis?" (1947): *FM* 224-5.

[34] "Introduction à la vie chrétienne" (1944) 2.

이라는 뜻이다. 더구나 공의회나 교황만이 — 자신의 개인적인 생각이 아니라, 교회의 사상을 공식적으로 표현할 경우에 한하여 — 이 "문의 무류성"phyletic infallibility을 가진다고 제언하는 것은 모든 생물학적 진화를 지배하는 두뇌화頭腦化의 법칙과도 전혀 일치한다.[35] 가톨릭이 아닌 그리스도교 신자 역시 그리스도를 알고 사랑하며, 가톨릭 신자만큼, 아니 한층 더 그리스도와 일치하고 있음을 떼이야르는 잘 알고 있다. 그러나 이들은 하나의 유기체로서 활기있게 움직이는 생명체 — 즉, 유기적 실재 — 는 되지 못한다고 한다. 그런데 가톨릭 교회 안에서만 새로운 교리가 끊임없이 생겨나고, 또 전통적으로 내려온 그리스도교의 진리와 인간 의식의 발전 과정에서 생겨나는 사상이 종합되어 새로운 자세가 형성된다. 여러 가지 증거를 놓고 판단하면, 그리스도교는 오직 "로만 가톨릭교라는 활기있고 조직적인 축"을 통해 인류의 진보를 가져올 때 비로소 미래의 종교로 군림할 수 있다. "완전하고 철저한 그리스도교 신자가 되려면 가톨릭 신자가 되어야 한다."[36]

---

[35] 동상 2-3.

[36] 동상 11; "Christianisme et évolution" (1945) 10; "Le coeur de la matière" (1950) 10; "Le goût de vivre" (1950): *OE* 7, 249, note 1.

그리스도-오메가

떼이야르는 자신의 사상을 여러 단계로 나누어 고찰한 후, 마지막에 이르러 오메가를 부활한 그리스도와 동일시한다. 다소 장황한 변증법적 과정이 막바지에 이르렀을 때, 그는 일반 진화론(가설)에서 논의된 현존하는 오메가가 부활한 그리스도와 동일한 존재라고 주장한다. 우리는 이제 그의 사상을 연속적인 4단계의 운동(알려진 것에서부터 덜 알려진 것으로 향하는 운동[37])으로 개괄해 보자.

	알려진 것	덜 알려진 것
1단계:	인간의 현상(1)	초월적이고 자율적인 오메가(2)
2단계:	진화적 창조(3)	원동자요 계시자인 신(4)
3단계:	그리스도교의 현상(5)	강생한 신(6)
4단계:	생동하는 교회(7)	그리스도-오메가(8)

그리스도교의 신앙은 (5)와 (6) 사이에 자리잡고 있다. 인간의 정신은 (그리스도교적 현상과 일치할 수 있으므로) 은총의 비춤을 받아 인간의 의식에 나타나는 오메가를 인식하고, 또 이성으로 추리한 오메가와 계시로 알게 된 우주적 그리스도를 동일시할 수 있다.[38] 다시 말해 이성적 추리를 통해서가 아니라 그리스도교의 신앙으로 그리스도교와 오메가를 동일시할 수 있다는 것이다. 떼이야르는 이 점에 관하여 더이상 명백한 태도를 취할 수 없었다.[39]

---

[37] "Esquisse d'une dialectique de l'esprit" (1946): *OE* 7, 157.

[38] "La pensée du Père Teilhard de Chardin" (1948): *Les etudes philosophiques* 10 (1955) 581.

우리는 과학적 현상론의 단계를 훨씬 넘어서야 비로소 "그리스도 신학"의 기초원리(그리스도와 오메가의 동일성)에 도달할 수 있다. 그리스도와 오메가의 동일성은 사실상 떼이야르 사상의 초석이 되고 있다. 떼이야르의 진화물리학에서 말하는 오메가와 그리스도교 계시에서 말하는 그리스도는 동일한 존재다. 우주에 의미가 있고, 인간이 목적을 가지고 노력하는 것은 바로 이때문(오메가 = 그리스도)이라고 떼이야르는 말한다.

떼이야르가 진화와 오메가 점을 현상론적으로 분석할 때, 오메가는 일반적인 가설의 일부, 즉 진화적인 우주구조론의 일부가 된다. 오메가가 이 정도의 위치에 그친다면, 인간과 인간의 활동에 의미를 부여하기 어렵다. 즉, 현대세계가 필사적으로 요구하는 바를 충족할 수 없다. 가설적인 "오메가-신"은 정체 불명의 신이고 기껏해야 그 개념이 모호한 신이다. 더구나 그 존재가 확실하지 않은 신은 믿기 어렵다. 떼이야르는 마지막 분석에서 외삽법外揷法을 이용하여 오메가를 논한다. 오메가는 본질적으로 하나의 가정이고 추측이다. 오메가는 모호하고 미묘한 특징이 있고, 인간의 희망을 조장한다.[39] 더구나 떼이야르의 진화론에서 오메가의 특성과 본질을 논할 때, 인간의 상상력은 "외삽법을 어떤 실제와 혼동할 만큼이나 멀리까지 미친다".[41] 이 실제(긍정적 사실들)는 그리스도교의 계시에서 나온다. 그리스도가 만일 강생을 통해 나타난 현실적 존재로 생각되고, 또 그로 인하여 미래의 정신적 전체화가 달성된다면, 그는 바로 떼이야르의 진화론에서 예견된 오메가와 동일한 특성을 가진 존재다.[42] 우리의 세계관이 어떻든 우주에는 두 분의 지배자가 있을 수 없다. 그리스도교의 계시에 따르면 그리스도는 우주의 궁극적 통일

---

[39] "Science et Christ" (1921): *OE* 9, 59-60.
[40] "Le Christique" (1955) 7.   [41] "Mon univers" (1924): *OE* 9, 81.
[42] "L'énergie humaine" (1937): *OE* 6, 192.

(종합)을 위해 초자연적 역할을 하는 주인공이다. 본질적으로 수렴하는 우주가 다시 이산離散함으로써 궁극적 통일이 완성된다고는 상상조차 할 수 없다. 결국 그리스도교에서 주장하는 보편적인 그리스도적 중심과 떼이야르의 진화현상론에서 요청되는 보편적인 우주적 중심은 전혀 일치하거나, 그렇지 않으면 다소나마 일치한다.[43] 세계가 만일 그리스도 밖에서 통일(비록 불완전한 통일이나마)될 수 있다면, 그리스도만이 유일한 진화의 원동자原動者와 세계 구원자가 될 수 없을 것이다. "우리가 더욱 고차원의 인간화 및 개성화의 극을 기대할 때, 사실상 그리스도를 향하게 된다."[44] 그리스도 신자의 경우, 창조 안에서 강생한 신의 부활 능력이 진화의 최종적 완성을 확실히 보증한다. 따라서 이러한 보증의 근거는 현상계의 영역을 초월하는 것이다.

> 그리스도 신자의 경우 인류의 집단화는 무의미하거나 적대시할 사건이 아니라, 오히려 최종적인 신의 왕국 건설의 전제조건이라는 사실을 그리스도론에서 인정하기만 하면, 인간이 지상에서 얻을 최종적인 생물학적 성공은 — 그리스도 신자가 생각할 때 — 개연성에 그치지 않고 오히려 확신할 만한 것이다. 왜냐하면 그리스도는 — 세계도 그리스도 안에서 잠재적으로 — 이미 부활하였기 때문이다. 그러나 이러한 확신은 초자연 신앙에서 나오는 것이므로 본질적으로 초현상적이다.[45]

그리스도-오메가야말로 진화의 완성을 보증할 뿐 아니라, 진화를 질서있고 의미있게 하는 존재다.

---

[43] "Super-humanité, super-Christ, super-charité" (1943): *OE* 9, 209-10.

[44] *OE* 9, 210.

[45] "The Directions and Conditions of the Future" (1948): *FM* 237.

강생의 신학을 철저히 지지하는 그리스도교 휴머니스트에게는 세계 안에서의 인류 발생과 인류 안에서의 교회를 통한 그리스도 발생간에 분리 상태나 부조화가 아니라, 일관성 있는 종속관계가 성립된다. 구조상으로도 이 두 과정은 밀접하게 결부되어 있다. 후자는 전자를 소재로 삼고, 이것에 초생명을 불어넣는다. 이렇게 보면 인간 운명의 단일성을 심각하게 의식하는 진보적·실제적 사상이 하나로 통일됨은 매우 반가운 일이다. 그러나 진화 과정의 종국으로 알려진 모호한 수렴점이 아니라 위격적인 명확한 실재, 즉 강생한 말씀(이분으로 말미암아 만물이 존재한다)이 등장한다.[46]

계시에서 말하는 그리스도와 진화에서 말하는 오메가가 동일함을 증거할 수 있다면, 진화의 진로는 먼 미래를 향해 열리게 된다. "예수 그리스도를 정점으로 삼는 세계는 앞으로 나아갈 출구가 열려 있어서 결코 질식사를 당할 수는 없다."[47] 결국 세계가 그리스도를 향해 수렴한다고 생각할 때 비로소 세계에는 의미와 참된 일관성이 있다. 그러나 떼이야르가 진화론에서 말하는 오메가와 신의 계시에서 말하는 그리스도를 동일시하더라도, 자연과 초자연을 혼동하는 것이 아님은 물론이다. 떼이야르의 추리에서 보는 바와같이 처음에는 오메가를 자연적 진화의 연장점(외삽법)으로 보고, 마지막에는 오메가를 그리스도로 생각하더라도, 결코 자연과 초자연을 혼동하거나 동일시하는 것이 아니다. 이 점을 바로 깨닫지 못하면 떼이야르의 사상을 줄곧 오해하게 된다.[48] 떼이야르는 「인간의 현상」 맺는 말에서, 오메가 점이 우주의 정상에 자리잡고 있음을 확증하기 위해 지금까지 기대한 확실성을 검토해야 하지 않겠는가?라고 묻는다. 그는 또 맺는 말의 각주에서도 다음과 같이 부언하고 있다.

---

[46] "Social Heredity and Progress" (1938): *FM* 34. [47] "Le Christique" (1955) 7.
[48] *This View of Life* (New York, Harcourt, Brace & World, Inc. 1964) 232.

더 정확히 말해서 오메가 점과 병행하면서도 오히려 그보다 높은 그 무엇이 우주의 정상에 자리잡고 있음을 확인하는 것은 초자연적인 것에 관한 신학적 개념을 옹호하는 것이다. 그런데 이 개념에 의하면 신과 세계간에 "당장 이루어지고 있는" 밀접한 접촉은 인간 본성의 힘을 초월한 — 모든 논리를 초월한 — 최고도의 친교다.[49]

창조가 본질적으로 그리스도라는 초점에 집중해야 할 이유는 없다. 우주(또 우주 안의 만물)가 그리스도를 향해 진화하고 수렴하는 것은 창조주가 베푸는 무상無償의 은혜다. 그러나 역시 그리스도는 만물이 수렴하는 초점임에 틀림없다. 그리스도는 자신의 강생으로써 세계를 초자연화하였으므로, 만일 신의 계획이 달랐고, 이에 따라 그리스도의 강생이 없었던들, 세계가 어떤 초점을 향해 수렴한다는 것은 상상조차 할 수 없는 일이다. 사실 우리는 어떤 자연적 초점, 즉 다른 어떤 사물계에 존재할지 모른다는 오메가 점에 대해서는 전혀 알 수 없다.[50] 그러나 비록 어떤 자연적인 오메가를 상상할 수 없더라도 신의 "무상적인 은혜"로, 현존하는 세계가 그리스도께로 집중된다는 사실은 조금도 과소평가될 수 없다. 초자연 은혜를 무상으로 베푸는 것은 바로 신이 자기 자신을 주는 것이다. 그 어떤 가설에서나, 사상을 전개시키기 위해서는 우주의 어떤 중심이 있음을 인정해야 한다. 어떤 오메가의 현존이 초자연적 상승과 필연적인 관계가 있는 것은 아니다. "현실계가 신의 무상적 은혜를 입는다 함은, 결국 신과 우주간의 어떤 최고의 매개체에 우주의 중심이 있지 않고, 신이 친히 우주의 중심이 된다는 말이다."[51]

---

[49] *PM* 298.

[50] "L'union créatrice" (1917): *Ecrits* 195-6; "Du cosmos à la cosmogénèse" (1951): *OE* 7, 272.

[51] "Mon univers" (1924): *OE* 9, 84.

우주의 중심인 역사적 그리스도

1924년, 떼이야르가 그리스도는 우주의 중심이라는 자신의 견해를 밝힐 때, "그리스도의 물리적인 우주 통치권"에 관한 성 요한과 특히 성 바울로의 증언은 "계시에서 말하는 그리스도가 바로 오메가"라는 명제를 충분히 설명하는 것이라고 말하였다.[52] 그는 계속하여 언급하기를, 모든 것을 요약하여 두 가지로 긍정할 수 있다고 한다. 즉, "만물은 그분 안에 존속하도다"(골로 1,17)라는 긍정과 "여러분도 그분 안에서 충만하게 되었습니다"(골로 2,10; 에페 4,9)라는 긍정이다. 따라서 이 두 긍정은 "그리스도만이 전부이시며 모든 이 안에 계십니다"(골로 3,11)라는 말로 줄일 수도 있다.[53] 떼이야르는 성 바울로의 서간에 자기의 우주론이 포함되어 있다고는 말하지 않는다. 그뿐 아니라 그는 성 바울로가 현대적인 과학의 범주 안에서 서간을 썼다거나, 바울로의 신학이 현대적인 진화 개념을 토대로 삼았다고도 주장하지 않는다. 그는 오직 성 바울로의 서간을 원천으로 삼는 동시에 자신의 진화현상론을 제2의 원천으로 삼고 있을 뿐이다.[54] 그는 이 두 원천을 이용하여 역사적 예수(복음에서 말하는 그리스도)는 위격적이고 물리적인 우주의 중심이며, 진화하는 우주의 수렴점이라고 주장한다.

떼이야르의 여러 저작, 특히 「인간의 현상」을 읽어보면 우주의 중심이고 진화의 초점 및 종점인 그리스도-오메가가 바로 죽음에서 부활한 역사적 그리스도, 즉 나자렛 예수라는 매우 중요한 사실을 알 수 있다. 떼이야르의 진화론을 두고 말할 것 같으면, 그는 진화의 시

---

[52] *OE* 9, 82. [53] "Mon univers" (1924): *OE* 9, 84.
[54] C. Mooney, S.J., *Teilhard de Chardin and the Mystery of Christ*, 67-103.

작보다 종점에 더 큰 관심을 가지고 있다. 진화론에서 진화의 기원보다는 오히려 성장, 발전 및 결과에 관하여 더욱 많이 고찰하는 것이 당연하다. "차츰차츰 진화하는 세계에서는 이 세계가 종점에 도달하기 전에는 아무것도 올바로 이해할 수 없다. … 그러므로 강생의 개념을 정확히 알려면, 강생의 시작(그리스도 탄생의 예고, 그리스도 탄생, 수난 등)에 유의할 것이 아니라, 가능한 한 그 최종점에 유의해야 할 것이다."[55] 역사적 사실인 강생은 시작이기 때문에 떼이야르는 언제나 그것보다 결말을 중요시한다. 그렇지만 떼이야르가 신학적으로 고찰한 오메가는 역사적 그리스도, 즉 역사적인 나자렛 예수다. 시작의 예수는 오메가와 동일한 위격이라는 점이 떼이야르의 신학을 두루 이해하는 데 매우 중요한 구실을 한다. "실상 그리스도-오메가가 우주를 움직여 준다면, 이론적으로나 역사적으로 그리스도 오메가는 자신의 구체적 출처인 나자렛 사람에서 전 실재를 취한다."[56]

> 바울로가 말한 우주적 그리스도, 즉 신비적 그리스도는 마리아에게서 탄생하여 십자가 위에서 죽은 역사적 그리스도의 확대가 아니라면 아무 의미도 가치도 없다. 신비적 그리스도는 본질적으로 역사적 그리스도로부터 중요한 특성인 명백성과 구체성을 취한다. 우리는 그리스도교의 신비주의가 우리 앞에 열어놓은 신의 영역으로 아무리 깊이 끌려 들어가더라도, 결코 복음의 예수를 떠날 수는 없다.[57]

떼이야르가 그리스도에 대한 자신의 신앙에 만족한 것도 우주의 중심인 그리스도-오메가의 개념 때문이다. 그러나 이 개념은 순전히 복음의 그리스도를 표현한 것에 불과하다고 그는 말하고 있다.[58] 그

---

[55] "Panthéisme et Christianisme" (1923) 8.
[56] "Christianisme et évolution" (1945) 7.   [57] *DM* 117.
[58] "Comment je crois" (1934) 24.

리스도-오메가는 결코 미래의 어떤 인간 상태나 인류의 어떤 이상을 상징하는 것만은 아니다. 그리스도-오메가는 죽음에서 부활한 나자렛 예수요, 우주의 존재와 발전에 중요한 역할을 맡은 우주적 위격이다.

오메가인 그리스도는 신만이 아니라 인간이기도 하고, 세계를 초월할 뿐 아니라 세계의 일부분이기도 하다. 그리스도는 강생하여 세계에 들어왔고, 세상사를 친히 경험함으로써 세상을 짊어지고 세상과 융합하였다.[59] 그렇기 때문에 떼이야르는 오메가인 그리스도가 단순히 진화하는 우주의 위격적 중심만이 아니라 물리적 중심임을 주장하였다. 떼이야르의 신학에서 그리스도를 유기적·물리적인 우주의 중심으로 보는 것은 이때까지 언급한 바의 결론이다. 떼이야르의 사상에 의하면 우주에는 공간과 시간의 통일성, 즉 유기적 통일성이 있다. 따라서 이 우주의 중심과 초점도 유기적일 수밖에 없다. 그리스도가 우주 안에서 차지하는 위치가 유기적임을 언급하는 떼이야르의 주장에 놀랄지 모르나, 이러한 주장은 떼이야르의 전 사상과 일치하고 있다. 떼이야르가 그리스도교와 현대 정신, 그리스도께 대한 신앙과 인간활동에 대한 신념, 그리스도교적 초탈과 인류의 진보를 위한 활동, 신의 왕국과 인간의 업적을 신학적으로 종합할 수 있는 근거는, 바로 그리스도가 수렴하는 우주의 위격적·유기적 중심이라는 개념이다. 우주는 진화 도중, 즉 생성 도중에 있다. 다시 말해서 발생의 상태에 있다. 떼이야르는 진화의 초점을 그리스도와 동일시함으로써 우주 발생이라는 용어를 빌려 그리스도의 신학을 논하는 데 필요한 종합 원리를 세우고 있다. 더욱 정확하게 말하면 그리스도는 오메가이므로 떼이야르는 우주 발생이라는 진화 개념을 계시와 종합하고, 우주 발생을 그리스도 발생이라

---

[59] *DM* 103.

는 용어를 빌려 재고하고 있다. 이와 동시에 그는 인간활동에 관한 그리스도교 신비신학의 주±요소를 전개할 수 있다. 그런데 여기서 인간의 활동이란 우선 그리스도 발생인 우주의 진화 과정에 인간이 참여함을 뜻한다. 어떤 목적을 가지고 어떤 방향으로 움직이는 우주, 즉 일관성과 의미가 있는 우주 안에 살고 있는 인간에게도 ― 인간은 진화를 의식하기 때문에 ― 어떤 방향과 목적이 있다. 우주 발생이 그리스도 발생과 동일한 것이라 생각할 때 매우 유리한 점이 있다. 떼이야르의 말을 빌리면 "만족할 수 없는 헷갈린 경배에서 생기는 불안과, 세계는 맹목적이고 폐쇄되었다는 의식에서 오는 고뇌는 사라졌다. 이제 어둠은 물러가고 황홀한 광명이 비친다".[60] 그런데 그리스도와 오메가가 동일한 것이라면,

> 이러한 연결로 그리스도교적 우주론은 인간적 우주론과 조화하고 그 정점에서 실질적으로 연접됨으로써, 양자는 실제적 가치 면에서 근본적으로 동질적인 것으로 나타난다. 따라서 그리스도교 교리는 단순히 상상에서 나온 것이 아니라 역사의 산물이다. 그러므로 그리스도 신자는 우주의 발생을 비유적으로가 아니라 문자 그대로 해명하고, 마침내 그리스도 발생이라는 형태로 전개할 수 있다. … 그리고 무엇보다 그리스도는 우주의 전실재를 몸에 두르고 있다. 그러나 동시에 우주도 그리스도의 온화함과 불멸성을 남김없이 받아서 빛나고 있다. 이리하여 결국 ― 이 점은 아무리 강조해도 지나칠 수 없다 ― 새로운 충동이 일어나 인간의 의식 안에 형태를 갖추게 된다. 즉, 두 가지 신앙(위격적 신의 초월적 활동에 대한 신앙과 진화하는 세계의 내재적 가완성可完性에 대한 신앙)이 정신적으로 결합하여 실로 진화적인 충동(오히려 사랑의 정신)이 움트는 것이다.[61]

---

[60] "Réflexions sur la probabilité scientifique" (1951): *OE* 7, 290.

신에 대한 신앙과 세계에 대한 신앙을 하나로 종합하는 원리는 그리스도-오메가가 바로 세계(그리스도로 인하여 의미와 일관성을 가지는 세계)의 중심과 초점이라는 사실에서 찾게 된다.[62]

---

[61] "Turmoil or Genesis?" (1948): *FM*, 224.

[62] 「교회헌장」 서론 10항.

④

창조, 인간의 노력, 성찬

떼이야르는 그가 1차 세계대전중 프랑스 군대에서 복무할 때 쓴 어느 논문에서, 20세기의 그리스도 신자가 당면한 문제를 제나름으로 언급하고 있다.[1] 그것은 신학자들이 논하는 추상적 문제가 아니라, 그리스도 신자가 일상생활에서 당면하는 문제이다. 그것은 바로 그리스도 신자의 노력을 하나로 통일하는 문제다. 오늘날 그리스도 신자의 일상생활은 분명히 이원성을 지니고 있다. 참된 종교생활을 갈망하는 그리스도 신자는 이 이원론을 거부한다. 그렇다면 어떻게 해야 현세 초탈(그리스도 신자생활에 필요한 것임)과 세속사에 대한 관심(인간의 활동을 촉진하는 데 필요불가결한 관심)을 조화시킬 수 있을까가 문제다. 떼이야르는 「신의 영역」에서 "행위의 성화에 관한 그리스도교적 문제"[2]라는 용어를 빌려 이 이원성을 서술하고 있다. 인간의 노력과 활동이 성화될 수 있다는 것은 교회가 신약성서에서 시작하여 줄곧 가르쳐 온 교훈을 보더라도 매우 확실하다. 교회는 언제나 생활 전체(가장 평범한 활동까지도 포함하여)가 거룩해야 하고, 그리스도 안에서의 생활이어야 한다고 가르쳐 왔다. "교회의 일반적인 감화와 종교 예식은 언제나 각자의 처지에 합당한 본분, 자연 진리의 탐구 및 인간활동의 증진을 고귀하게 하고 성화하는 데 그 목적이 있었다."[3] 교회는 진리를 가르친다. 그러나 이러한 가르침이 그리스도교의 일반적인 관점과 논리적으로 부합하

---

[1] "Mons univers" (1918): *Ecrits* 278. [2] *DM* 50-3. [3] *DM* 50-1.

는지 어떤지는 문제로 남아 있다. 여기에 대하여 떼이야르는 다음과 같이 언급하고 있다.

> 신의 왕국이 밝혀준 관점들이 나타남으로써 인간활동의 분포와 균형이 어떻게 흐트러지지 않는가? 신과 십자가를 믿는 사람이 어떻게 세속사의 가치를 철저히 믿을 수 있는가? 그리스도 신자는 가장 그리스도교적인 것을 모조리 받아들이기 위해 줄곧 신을 향해 나아가는 사람으로서, 자신의 인간적 의무를 가장 충실하게 전심전력으로 또 자유롭게 수행할 수 있는가? 언뜻 보면 이 점이 석연하지 못하다. 이리하여 사실상 생각보다 많은 사람들이 당황하고 있다.[4]

여기에서 문제가 되는 것은 단순히 활동의 신학이나 세속적 가치신학만이 아니다. 문제는 인간이 지닌 전반적 동적 충동의 두 요소를 내적으로 조화시키는 일이다. 인간은 단순히 존재하는 것이 아니라 활동한다. 인간은 단일한 존재이기 때문에 인간의 노력, 인간 존재의 동력도 한 방향으로 통일되게 마련이다. 그러나 그리스도 신자는 두 방향으로 끌어당기는 힘에 사로잡혀 있다. 그리스도교는 현세 도피, 현세사의 허무함과 무상함을 역설할 뿐 아니라, 신의 초월성과 아울러 천상에 보화를 쌓을 것을 강조하면서 그리스도 신자를 위로 끌어당긴다. 그런가 하면 현대 정신, 즉 세속사의 진보(과학 및 기술, 사회적 발전과 세계 건설)를 도모하는 정신은 인간을 앞으로 끌어당기고 있다. 이리하여 그리스도 신자는 두 갈래로 분열되고 있다. 이 두 방향이 모두 건전하고 정당한 것이므로, 인간이 매진해야 하겠지만, 이 두 방향이 서로 어긋나게 보이는 것이 문제다. 그러므로 일부 그리스도교 신자들은 오직 신과 내세만을 위해 주로

---

[4] *DM* 50-1.

기도와 극기에 몰두함으로써 위를 향해 살아간다. 그런가 하면 일부 신자들은 인간의 발전을 위해 일상 직무에 주력함으로써 앞을 향해 살아간다. 그러나 대부분의 신자들은 위를 향해 사는 생활과 앞을 향해 사는 생활을 하나로 통일함으로써 문제를 해결할 엄두도 내지 못한 채 완전한 그리스도 신자도 아니고 완전한 세속 사람도 아닌, 그야말로 분열적 삶을 영위한다. 이리하여 그들은 신을 공경하는 일과 세속사에 그들의 정력을 반반씩 바치므로 내적 생활이 동요된다.

우리는 떼이야르가 이 문제를 신학적으로 어떻게 해결하는가에 관심을 모으고 있다. 이 문제가 실천적 문제이긴 하나 근본적으로는 신학적인 문제다. 떼이야르가 초기에 쓴 신학 논문들은 그의 친구들, 주로 예수회의 동료 사제들이 읽었다. 그가 1918년에 쓴 논문을 읽은 이들은 그의 사상에 "경악하고 동요하였다".[5] 이리하여 그는 전에 쓴 논문을 풀이하여 밝히려고 또 다른 논문을 쓴 것이다. 그가 논급한 종교적 및 신학적 사상은 그의 전 종교생활의 지주가 되는 중요한 경험(그의 정신적 균형을 잡아주는 데 일반적 조건이 되는 경험)에서 나온 것이다. 그런데 이러한 경험은 그리스도와 세계가 공동외연共同外延을 가지고 있음을 인정하려는 욕망으로 나타날 수 있다. 이리하여 ① 그리스도에게 우주의 지배권과 장대함이 있으며, 이에 따라 ② 인간은 전우주와 더불어 활동한다고 의식할 때 비로소 가치있는 행위를 할 수 있다. 떼이야르는 자신의 모든 사상 가운데서도 이러한 사상이 가장 중요한 것이라고 부언하였다.[6] 그가 일생을 바쳐 많은 저작을 낸 것도 언제나 교회의 가르침을 따르면서 그리스도교 신학의 여러 국면을 거듭 고찰하고, 이러한 경험과 일반적 조건을 명확히 설명하기 위한 것이다.

---

[5] "Mon univers" (1918): *Ecrits* 267.   [6] "Mon univers" (1918): *Ecrits* 272-3.

떼이야르는 신을 위해 사는 생활과 현세를 위해 사는 생활이라는 두 길을 어떻게 조화시키는가? 또 그리스도 신자와 세속인이라는 서로 다른 두 방향을 어떻게 하나로 통일하는가? 그는 두 가지 방법으로 이 문제를 해결하고 있다. 첫째, 그는 인간의 활동이 신의 계속적인 창조활동 — 그리스도 안에서의 만물의 존속과 완성을 목표로 삼는 활동 — 에 참여하는 것이라고 본다. 그런데 떼이야르의 이러한 사상체계에서 우주와 성찬聖餐과의 관계에 관한 고찰은 중요한 부분을 차지한다. 둘째로, 떼이야르는 인간의 활동은 그리스도의 구속활동에 참여함이라고 보고 있다. 인간의 활동을 구속의 의지re-demptive will로 보는 떼이야르의 견해는 다음 장에서 고찰하겠다. 본 장에서는 인간의 활동은 그리스도로 말미암아 만물을 완성하는 신의 창조행위에 참여함이라는 떼이야르의 신학을 개설하고, 세계와 성찬의 관계에 관한 개념을 보충적으로 간단히 제시하겠다. 그러나 이보다 먼저 떼이야르의 창조 개념을 약술하고자 한다.

인간의 노력과 창조의 신학

떼이야르가 그리스도교의 창조신학에서 의도한 것은 최대의 일관성과 의미를 가질 뿐 아니라 — 모든 자료를 두루 감안하여 — 가능한 한 뜻이 분명한 이론을 세우는 것이었다. 더구나 떼이야르는 인간의 활동에 최대의 관심을 가지고 그것을 유발하는 이론, 즉 조리정연한 창조이론을 원하였다. 떼이야르는 창조에 대한 이해, 즉 창조론이 진실한가 어떤가를 판가름하는 기준은 그 이론이 얼마나 일관성있고 의미심장한가에 달렸을 뿐 아니라, 얼마나 인간의 활동을 고무시키는가에 달렸다고 생각한다. 특히 인간의 활동을 약화시키는 창조론이라면 재검토해야 한다.

  떼이야르가 중세 이후 줄곧 지배적이었던 창조신학을 반대한 것은 그것이 인간의 활동을 위축시킨다고 생각했기 때문이다. 어떤 창조신학에서 제기되는 문제와 중세 스콜라 신학에서 해결하고자 한 문제는 무엇이었던가? 그것은 바로, 신은 만물의 창조주이기 때문에 오직 범신론적으로만 고찰될 수 있는 것 같고, 따라서 세계는 하나의 망상적 존재가 아니면 신의 일부분이나 일면이라는 것이다. 이 문제를 해결하려고 스콜라 철학(주로 형이상학)은 "분여된 유"participated being("신의 초월적 인과원리"에 의한 특수활동으로 무에서 나온 유, 즉 제2차적 존재양식)라는 개념을 상세히 풀이하여 이것을 무로부터의 창조라고 하였다. 창조자와 피조물간에 존재론적 구별이 있어야 함은 물론이다. 그러므로 떼이야르도 이 점에 있어서는 스콜라 사상에 잘못이 있다고 말하지 않는다. 그는 오히려 이러한 구별을 강조하고 있다. 그러나 인간의 활동과 노력의 면에서 고찰할 때 그는 스콜라의 창조신학에 난점이 있다는 것을 알고 있다.

창조가 전적으로 신의 무상적 은혜라는 사상은, 신이 자신의 충만성을 자신에게는 전혀 필요하지도 않은 참여자에게 분배함을 목적으로 삼는 그야말로 선의의 표시다. 이러한 사상을 현대의 세계관에 적용할 때, 거대한 전 창조계는 마치 인간의 행복만을 유일한 목적으로 삼는 일종의 유희처럼 보이기 쉽다. 이러한 창조관은 인간 존재의 존엄성을 감소할 뿐 아니라, 창조주께 대한 공경심도 감소시킨다.[7]

현대의 그리스도교 신자는 신 없이 자기 홀로는 아무 힘도 없음을 깨닫고 있다. 누구나 자신이 완전한 존재가 되려면 심리적으로 이것을 깨달을 필요가 있다. 그러나 평범하게 말해서 신과 인간간의 상호관계가 없고, 또 신이 자신의 것을 인간에게 베풀지 않아도 인간은 신을 섬겨야 한다고 생각한다면, 그리스도 신자의 노력과 행동은 고갈되고 말 것이다. 신의 완전 자족성과 함께 신의 창조행위의 우연성 및 자유성을 주장하는 창조론을 받아들이는 그리스도교 신자는 현세사에 취미와 관심을 잃을 위험이 있다. 즉, 이러한 사상에 빠질 때 신의 창조사업을 대수롭지 않게 여기고 따라서 현세의 진보를 위한 인간의 활동과 노력은 위축되기 쉽다.

> 현실태act와 가능태potency에 관한 특수 형이상학에서 엄밀하게 추론하면, 정적인 우주(피조물의 존재와 구원 외에는 아무것도 생각할 수 없는 소극적인 우주)는 전혀 신의 무상적 은혜에서 나온 산물이라는 이 명제가 토마스 신학사상에서는 조금도 흠잡힐 것이 없다. 그러나 인간이 분여된 존재로서 — 신학자들이 인정한 것처럼 본질적으로 우유적 조건을 지닌 존재로서 — 진화를 위한 인간의 노력을 긍정할 수 있는가를 자문할 때, 이 명제가 우주 발생의 체계 안

---

[7] "Action et activation" (1945): *OE* 9, 227-8.

에서는 위험하고 유해하다. 인간은 근본적으로 무용하다는 계시를 긍정할 때 세계 건설을 위해 활동할 의욕이 생기겠는가?[8]

신 자체의 선성善性과 신의 창조에서 나타난 선성 및 사랑스러움을 역설하는 창조신학은 제나름의 정당성이 있다. 그러나 그것만으로는 불충분하다. 만일 이러한 신학이 현세의 발전을 도모하는 인간의 활동 가치를 손상하고 활동 자체를 경시한다면, 정말 위험한 사상이 아닐 수 없다. 이리하여 떼이야르는 그가 신학생 때 배운 창조신학을 반박할 뿐 아니라, 현대의 많은 토마스파 신학자들의 학설에 비해 훨씬 융통성이 없는 스콜라 신학을 반박하면서 제나름의 사상체계에 따라 창조관을 재고한 것이다.

---

[8] "Contingence de l'univers et goût humain de survivre" (1953) 3.

창조적 합일

떼이야르는 1917년에 쓴 창조에 관한 최초의 논문에서, 많은 비판자들이 인정하지 않고 그냥 간과한 사고의 원리를 언급하고 있다. 그 원리란 진실과 허위를 너무 급작스레 구별하려 꾀하다가 사실을 왜곡하는 것보다는 차라리 잠정적으로나마 진리와 오류를 함께 표현하는 것이 더 낫다는 것이다. 떼이야르는 인간의 지적 활동 및 과학적 진보에 관련되는 이 법칙을 주저없이 따르고 있다.[9] 그의 사상은 잠정적인 것이고, 그의 신학사상 역시 가설이기 때문에 앞으로 더욱 발전되고 다듬어질 여지가 있고, 또 바로 이때문에 반론이 제기될 여지도 있다. 무엇보다 그의 창조신학의 경우가 바로 이러하다. 그는 창조관의 수립 방법을 제안하였으나 결코 독단에 빠진 견해를 주장하지 않았다.

그는 자신의 창조론을 "창조적 합일의 이론"이라고 불렀다. "정확히 말하면 '창조적 합일'은 형이상학적 이론이 아니다. 그것은 차라리 경험적·실용적인 우주론이라고 해야 옳을 것이다."[10] 떼이야르는 이따금 자신의 학설을 하나의 형이상학이라고 말하고, 그가 비교적 만년에 쓴 저작 가운데 자신의 창조신학을 가장 훌륭하게 다룬 1948년의 「나는 어떻게 생각하는가」*How I see*라는 논문에서 특히 그렇게 말하고 있다.[11] 그러나 조심성있게 읽어보면 떼이야르의 형이상학은 어디까지나 경험적·실용적인 사상임을 명백히 알 수 있다. 그것은 연역적인 창조가설로서, 과학적인 진화현상론과 그리스도교 계시(떼이야르 신학의 두 원천)에서 나온 원리들을 포함한다.

---

[9] "L'union créatrice" (1917): *Ecrits* 175-6.
[10] "Mon univers" (1924): *OE* 9, 72.   [11] "Comment je vois" (1948) 17-21.

그러므로 그의 창조신학은 수많은 저자들이 생각하는 것처럼 형이상학적인 것이 아님을 명심해야 한다.[12]

떼이야르는, 전통적인 형이상학적 방법을 따를 때처럼, 창조를 엄격히 존재의 개념에 의거하여 고찰하지 않는다. 그는 오히려 합일의 개념에 의거하여 "존재"를 서술한다. 존재란 능동적인 의미로는 자체 통일 또는 타의 통일을 뜻하고, 수동적인 의미로는 타에 의한 결합 또는 통일[13]을 뜻한다고 말한다. 그러므로 "창조"는 곧 "통일"을 뜻하고, "창조됨"은 "통일됨"을 뜻한다. 그뿐 아니라 떼이야르는 창조를 어떤 순간적 행위로 보지 않고, 어떤 진행 과정 또는 통합 작용으로 본다는 것도 알아두면 좋겠다.[14] 떼이야르의 창조론의 네 단계를 모두 살펴보면 이 사실이 더욱 밝혀질 것이다.[15]

떼이야르는 제1 단계에서 신적이고 자기충족적인 제1유의 존재를 기정 사실로 가정한다. 이 제1유(제1 원인)는 어떤 면에서 볼 때, 2장 끝과 3장 첫머리에서 서술한 위격적인 오메가와 동일하다. 제2 단계는 삼위일체에 관한 신의 계시를 통한 인식이다. 삼위일체론에 따르면 이 제1유, 즉 신적 중심은 스스로 대립하고 또 통일하는 행위를 한다. 떼이야르는 제3, 제4 단계에서 비로소 "창조적 합일"을 서술한다. 제3 단계에서 신은 (특유한 존재로서) 자신을 대립시키고 통일하는 행동을 통해 다른 대당적對當的 형태를 자신 안에가 아니라 자신의 정반대편에 야기한다.

---

[12] "La démarche du P. Teilhard de Chardin, réflexions d'ordre épistemologique": *Divinitas* 3 (1959) 227-8; "Teilhard de Chardin and Problem of Creation": *Theological Studies* 24 (1963) 557-601.

[13] "Comment je vois" (1948) 17; "Mon univers" (1924): *OE* 9, 73.

[14] "Christologie et évolution" (1933) 6.

[15] "Comment je vois" (1948) 17-21; "La lutte contre la multitude" (1917): *Ecrits* 109-32; "L'union créatrice" (1917): *Ecrits* 169-97; "Les noms de la matière" (1919): *Ecrits* 415-32.

존재의 극에서 자존적 통일이 이루어지고 이에 따라 필연적으로 그 주변에 "다양"이 있게 마련이다. 그런데 이것은 어떤 순수 다양, 즉 무無인 동시에 배열과 결합을 위한 수동적 잠재력에 따라서 "존재 가능성 및 존재 요청"이 되는, 이른바 "창조력을 지닌 공허"로 이해함이 좋을 것이다. 이와같이 심각한 문제에 부딪칠 때 인간의 지성은 분명히 최대의 필연성을 최대의 자유와 구별할 수 없게 된다. 이 "순수 다양"이라는 결과는 신도 어떻게 막을 수 없는 필연적인 것으로 나타난다.[16]

떼이야르는 신의 존재와 상관되는 존재는 공허라고 말한다. 이 공허야말로 통일될 가능성을 지닌 존재의 무한 다양이라 서술한다. 그는 제4 단계에서 창조는 곧 통일이라고 말한다. 여기에도 문제가 있다. 그것은 어떤 창조행위에 선행하는 무한 다수가 필연적으로 있다는 주장이다. 이것은 신이 창조하지 않은 신 외의 그 무엇, 즉 신이 창조의 소재로 삼은 어떤 영원한 재료가 있다는 뜻인 것 같다. 그러나 떼이야르가 의미한 것은 결코 이것이 아니다. 무한 다양은 "무"다. 그런데 현실계에는 무한 수량이 있을 수 없다. 무한 수량은 한계를 초월한 수량이기 때문이다. 따라서 무한정한 수량은 부정수 不定數이기 때문에 실제상 존재하지 않는다. 그러므로 떼이야르의 무한 다양은 현실계에 존재하는 다양(다수)으로는 생각될 수 없다. 다시 말해서 그것은 실제로 존재하지 않으므로 결국 "무"다. 떼이야르는 또 실용적 해설, 즉 연역적 가설을 세우고 있음도 잊지 말아야 한다. 창조 이전의 공허를 무한 다양으로 생각하는 것은 떼이야르의 가설이 의도하는 바와도 일치한다. 떼이야르는 "무로부터의 창조"를 부인하지 않고 긍정하지만, 무를 무한 다수로 묘사한다.[17]

---

[16] "Comment je vois" (1948) 19.

[17] *La pensee religieuse du Pere Teilhard de Chardin*, 282-9.

떼이야르는 창조론의 제4 단계에서 창조를 어떤 통일 과정으로 고찰함에서 얻는 이점을 설명한다. 말하자면 창조는 신의 사고(이 사고가 신의 본질에 속하기보다 오히려 신의 본질 밖에 속한다 하더라도)에서 나온 결과로 생각할 수 있다. 창조는 플레로마pleroma의 건설, 즉 "플레로마화"pleromization(풀이하면 "분여된 존재가 배열과 전체화를 통하여 실재함")라고 생각할 수 있다. "창조는 공허를 충만하게 한다. 창조는 자기의 자리를 찾는다. 동시에 창조는 유有를 정의할 때 쓰던 술어로 표현될 수 있다. 즉, 창조는 통일이다."[18]

창조는 아직 통일되지 못한 요소들의 통일을 뜻하고, 따라서 창조 자체는 어떤 과정이다. 그리고 이러한 과정은 바로 진화로서 나타난다. 인간의 경험에 의하면 진화는 시간 및 공간 안에서 진행되고 있는 창조의 모습이다.[19] 제2장에서 고찰한 것처럼 진화에는 어떤 방향이 있다. 진화는 증대하는 복잡화 의식의 축을 따라 진행한다. 복잡화 의식의 법칙에 의하면 물질의 의식도意識度는 그 존재의 구조적 복잡성에 따라 변화하고, 또 이 법칙은 관찰에 의하여 증명할 수 없는 경우에도 적용되는, 실로 보편타당성을 가지고 있다. 진화가 증대하는 복잡화 의식의 축을 따라 진행한다는 말은 바로 우주가 더욱 고차원의 정신(의식)을 향하여 진화할 뿐 아니라, 이와 함께 (비례적으로) 더욱 고차원의 통일을 향하여 진화함을 뜻하기도 한다. 이렇게 고찰할 때 진화는 신의 계속적인 창조행위(세계는 신의 창조행위를 통하여 점차적으로 통일된다)의 표현이라고 할 수 있다. "신은 통일함으로써 창조한다."[20] 떼이야르는 창조의 결과에 중점을 두어 수동적으로 창조를 고찰하는 버릇이 있고, 이에 따라 창조를 어떤 과정으로 이해한다.

---

[18] "Comment je vois" (1948) 18-9.

[19] "Man's Place in the Universe" (1942): *VP* 231.

[20] "Mon univers" (1924): *OE* 9, 72.

창조는 줄곧 계속되어 왔다. 창조행위는 전 시간에 걸쳐 진행하는 거창한 연속적 운동이다. 우주는 끊임없이 — 그러나 눈에 뜨이지 않게 — 무에서부터 차츰차츰 형성되고 있다. 창조로 인하여 야기되는 작용은 피조물(이 안에서 창조활동이 물질화되고 축적되는) 안에서 무한히 굴절된다.[21]

신의 창조행위가 분열되지 않음은 물론이다. 창조는 불가분의 단일 행위다. 그러나 이러한 창조행위의 범위는 우주의 전 연장延長과 전 지속持續 — 전 공간과 시간 — 에 달한다. 무한 다수의 요소들에서 시작된 창조는 요소들의 점차적인 결합 과정을 거쳐 최대의 통일점으로 접근한다. 이 점은 물론, 그리스도-오메가와 결합하는 궁극점인 빠루시아다.

---

[21] "Le milieu mystique" (1917): *Ecrits* 149.

그리스도 안에서의 창조

신은 통일함으로써 창조한다. 창조 과정은 우주 진화의 모습이고, 통일에 의해 진행되는 창조 과정은 그리스도-오메가를 지향한다. 떼이야르의 창조론에서 관건이 되는 것은 전 창조 과정과 그리스도와의 관계다. 이제 떼이야르의 창조론이 이성적인 고찰에만 그치지 않고 계시에 의존함으로써 본질적으로 신학적 이론임을 알 수 있다. 그의 창조신학은 강생의 사실을 떠나서는 고찰될 수 없다. 그것은 강생의 사실과 더불어 구성되어 있다. 더 정확히 말하면, 떼이야르의 창조론은 그리스도-오메가를 주춧돌로 삼아 그 위에 서 있다.

따라서 전 창조신학은 그리스도가 창조의 머리라는 관점에서 전개되고 있다. "강생은 우주의 모든 물리력과 정신력의 갱신이요 복구다. 그리스도는 모든 창조의 도구요 중심이며 종국이다. 그는 만물을 창조하고 성화하며 활기있게 한다."[22] "만물은 그리스도 안에서 통일된다."[23] "그리스도는 만물의 으뜸이요 머리다. 만물은 그분 안에서 시작되고 통일되고 마침내 완성된다."[24] "신은 그리스도를 원하였고, 또 그리스도를 얻기 위하여 정신계(특히 인간)를 창조해야만 하였다. 왜냐하면 그리스도는 바로 이 정신계에서 발생해야 하기 때문이다. 그리고 신은 인간의 출현을 위하여 거대한 생명체의 운동을 시작해야만 하였다. 또 생명체의 발생을 위해서는 전우주가 격동해야만 하였다."[25] "현실계에는 단 하나의 역동力動이 있다. 그것은 만물을 그리스도께로 이끌어가는 힘이다. … '우주의 충만'인 그리스도 안에서 만물이 창조됨은 그이 안에서 만물이 통일되기

---

[22] "La vie cosmique" (1916): *Ecrits* 48.
[23] "Forma Christi" (1918): *Ecrits* 338.
[24] "Christologie et évolution" (1933) 10.
[25] "Mon univers" (1924): *OE* 9, 108.

때문이다."²⁶ 그리스도는 "알파요 오메가, 시작이요 끝, 초석이고 종석宗石이다".²⁷ "만물은 그이로 말미암아 창조되고, 전우주는 그이 안에서 깊이와 길이와 넓이와 크기와 물리적·정신적 힘을 얻어 통일된다. … 우주는 우선 그리스도 안에서 계속되는 창조활동이다."²⁸ 떼이야르는 1919년에 쓴 편지에서, 자신의 창조 개념(그리스도로 말미암아 전우주, 즉 자연계와 초자연계가 창조된다는 언뜻 보면 못마땅한 개념)을 가끔 적극적으로 수긍하려 들지 않았다고 말하고 있다.

그리스도 밖에 있는 세계, 즉 원초적으로 존재하는 자기충족적인 세계를 생각할 수 있다. 이러한 세계는 인간 진보의 영역인 자연계일 것이다. 그런데 오직 신앙과 선의를 가지고 예수 그리스도를 추종하는 사람들만이 이 최초의 영역을 넘어서 … 그리스도의 신적 권능이 미치는 영역으로 들어갈 것이다. 이렇게 생각할 때, 우주의 객관적 질서에는 두 구간이 뚜렷이 구분된다. 그것은 창조된 세계와 그리스도의 세계로서, 후자는 차츰차츰 전자를 흡수한다. … 그러나 나는 소극적인 주장이 창조자인 신과 구속자인 신을 동일시하는 견해와 맞지 않을 뿐더러, 전 자연계의 상승上昇 개념과도 모순되는 것으로 본다. 왜냐하면 은총은 다른 세계에서 인간에게 들어오지 않고, 이 우주의 연장을 통하여 인간에게 들어오기 때문이다.²⁹

떼이야르의 창조신학은 어떤 가능적 세계可能的世界의 신학도 아니고, 창조행위의 자동성을 주장하는 추상적·형이상학적 역학이론도 아닙니다. 떼이야르는 신에 의해 창조된 이 우주를 논한다. 이 우주는

---

²⁶ "L'union créatrice" (1917): *Ecrits* 196.
²⁷ "Science et Christ" (1921): *OE* 9, 60.
²⁸ "Intégration de l'homme dans l'univers" (1930) lecture 4, 12-3.
²⁹ 1919년 12월 29일자 편지: *Archives*, 154.

그리스도 안에서 창조되고, 신이 직접 구체적으로 관여하는 우주다. 떼이야르는 모든 피조물에 대한 그리스도의 수위권首位權을 재확인하려 할 뿐 아니라 세계창조의 자의성恣意性이라는 개념을 버리려 한다. 그는 그 대신에 창조자와 피조물의 상호보완성을 역설한다. "그리스도교에 활기를 주는 것은 '피조물의 우유성'이라는 개념이 아니라 신과 우주가 서로 보완한다는 사상이다."[30] "신은 완전 자족적인 존재이지만 피조물은 제나름으로 무엇인가 신에게 필요한 것을 제공한다."[31] 신의 창조행위의 목적은 절대자 자신을 위한 우주의 신비적 완성과 성취라고 생각할 수 있다.[32]

구체적으로 신과 인간의 경우를 두고 보면 창조는 바로 그리스도 안에서의 창조라고 떼이야르는 말한다. 그러므로 신은 자신의 강생 계획이 포함된 전 창조 계획에 의해 자유롭게 창조활동에 관여하고, 자신과 우주간의 실제적 상호보완성을 자유롭게 원한다. 인간이 살고 있는 현실세계를 바로 이해하면, 신은 다양을 자신 안에서 통일하려고 자신을 다양 속에 몰입하는 것 같다.[33] 그러므로 신은 그리스도 안에서 자신이 창조한 이 세계와 무관한 존재로는 생각될 수 없다.

> 한편으로 신은 강생을 위해서도 — 적어도 현실계와 또 미래에 — 자신이 그 안에 몰입된 다수가 없이는 안된다. 또 달리 생각하면, 예수 그리스도 안에서 "다수를 덧입은 신"의 실재는 바로 그리스도교적 실천생활과 바울로의 영성생활에서 완덕을 의미하는 것 같다. 그런데 여기서 완덕이라 함은 — 그것이 신과는 어떤 외적 관계를 맺고 있든 없든 — 보편유의 균형을 지닌 실재적 완성을 뜻한다.[34]

---

[30] "Contingence de l'univers et goût humain de survivre" (1953) 4.
[31] "Christianisme et évolution" (1945) 4; "Action et activation" (1945): *OE* 9, 229.
[32] "Le coeur de la matière" (1950) 30. [33] "Comment je vois" (1948) 19.
[34] "La route de l'ouest" (1932) 20.

초자연 질서를 포함한 현실세계는 전적으로 우유적인 세계가 아니고, 세계창조는 자의적인 행위가 아니다. 세계는 신에게 필요없는 여분의 존재가 아니다. 신은 자신이 창조한 세계에 결코 무관심하지 않다. 신은 위격적으로 세계 안에 잠겨 있다.[35] 떼이야르의 창조신학에서는 창조에 관련된 신의 자유에 관해서는 언급하지 않는다. 왜냐하면 그의 창조신학은 현실세계, 즉 신이 깊이 관여하려 했던 세계의 신학이기 때문이다. 신은 영원 전부터 강생을 통하여 세계로 들어오려 하였고, 또 영원 전부터 그리스도 안에서 우주를 창조하려 하였다. 이리하여 구체적으로 본 신의 계획은 어떤 필연성을 지닌 것같이 완벽하게 보인다. 떼이야르의 창조론에 따르면, 창조를 통해 나타나는 신의 신비로운 자유는 신 자체, 즉 표현 불가능한 현실태 안에 숨겨져 있고, 따라서 최대의 필연성과 최대의 자유는 동반되는 사랑의 확실한 표징[36] 안에서의 자유라고 생각될 때 비로소 분명하게 될 수 있다. 우리는 창조가 마치 신의 부득이한 행위라고 생각할 수도 있다. 그러나 이렇게 생각하더라도 결코 창조주의 절대적 자유를 부인함이 아니다.

또 떼이야르는 창조가 신의 무상적 은혜임은 물론이거니와, 강생은 그 뒤에 부가된 무상적 은혜라는 추상 개념을 결코 약화시키려 하지 않는다. 떼이야르의 신학에는 강생의지에 나타난 신의 자유 개념이 고스란히 보존되어 있다. 떼이야르는 자연계의 창조가 무상적인 은혜라고 단언할 뿐 아니라 강생을 포함한 초자연 질서 역시 무상의 은혜라고 단언한다.[37] "초자연이 무상의 은혜라는 기초 교리가 창조신학 때문에 손상되는 것은 아니다."[38] 그러나 신의 정신 안에서도 실재 안에서와 마찬가지로 구원의 질서는 하나다. 창조론은

---

[35] C. Mooney, S.J., *Teilhard de Chardin and the Mystery of Christ*, 174-6.
[36] "Comment je vois" (1948) 18.
[37] ③의 주 49와 50을 보라.
[38] "Forma Christi" (1918): *Ecrits* 336.

이 단일성을 강조한다. 신의 계획이 유기적인 통일성을 지니고 있기 때문에 강생은 필연적인 것같이 보인다.[39]

이리하여 그는 신의 계속적인 창조를 하나의 통일 과정, 즉 점차적인 통일을 지향하는 우주의 형성 과정으로 이해한다. 그리스도 안에서 진행되는 전 창조 과정은 플레로마(우주의 종국적 상태, 또는 그리스도 안에서의 만물의 완성)를 지향한다. 신의 계속적인 창조는 만물의 양적 충만과 질적 완성을 지향한다. 즉, 유일한 실체와 다수의 피조물이 혼돈 없이 하나의 통일체(신이 어떤 본질을 취하지 않고도 존재의 극치와 종합이 되는)를 이루는 신비스러운 플레로마를 지향한다.[40] 그러므로 신의 창조행위의 궁극적 목표는 플레로마다. 그런데 떼이야르가 말하는 플레로마의 개념은 전통적인 관념이다. 즉, 플레로마는 피조물이 신 안으로 흡수되어 피조물의 본질이 상실되는 것이 아니라, 피조물이 신 안으로 흡수되어 신과 최대의 결합을 얻는 것을 말한다. 결합은 결합된 요소들의 개별성을 살려주기 때문에 플레로마(충만)는 신과 피조물간의 최소의 분리 상태인 동시에 최대의 결합 상태가 될 것이고, 이에 따라 본질들은 조금도 혼동되지 않는다. 창조적 합일은 계속적인 과정이고 이 과정은 수렴하는 우주의 진화로 나타나고, 이 과정의 종점은 플레로마의 성취다.

---

[39] "Action et activation" (1945): *OE* 9, 271-2.   [40] *DM* 122.

우주적 그리스도

플레로마, "창조자와 피조물의 신비로운 종합, 즉 신 안에서 이루어지는 우주의 거대한 양적·질적 성취는 우주적 그리스도(그리스도-오메가)의 모습에서 그 물리적 원리, 표현 및 안정성을 찾는다".[41] 창조적 합일은 플레로마의 점차적 형성이다. 이 "플레로마화"는 그리스도-오메가, 즉 "만물이 지향하는 중심인 예수"를 향한다.[42] 그런데 창조는 능동인能動因에 비길 수 있는 어떤 원인이 뒤에서 미는 힘으로 되는 것이 아니라, 만물을 통일하는 그리스도가 앞에서 당기는 힘으로 이루어진다고 떼이야르는 생각한다. "모든 에너지는 결합하여 하나의 통일체가 된다. 모든 에너지를 모아 초월적이고 위격적인 통일체로 만드는 것은 그리스도의 인간성이다."[43] "그리스도는 우주(즉, 그리스도와의 관계로 인하여 자연계까지 완성될 우주)를 통하여 자신을 인간에게 부여한다."[44]

그리스도의 우주적 힘이 만물에 미친다는 개념은 떼이야르가 초기에 쓴 논문에도 나타나 있다. 그가 「신의 영역」을 쓰기 수년 전부터 그는 이 우주적 힘을 그리스도의 편재遍在라고 표현하여 왔다. "강생된 말씀은 마치 우주의 구성 요소처럼 만물 안에 깊숙이 현존하고 있다. 그것은 만물을 속속들이 비추고 있다."[45] 이 범그리스도 사상은 만물이 신과 동일하고 신과 융합되어 그 본질을 상실한다는

---

[41] "La parole attendue" (1940): *Cahiers Pierre Teilhard de Chardin*, 4, *La parole attendue*, 26-7.

[42] "La vie cosmique" (1916): *Ecrits* 60.   [43] 1916년 2월 2일자 편지: *MM* 93.

[44] 1919년 12월 12일자 편지: *Archives*, 154.

[45] "Mon univers" (1924): *OE* 9, 87.

그릇된 범신론과는 전혀 다르다. 그리스도의 우주적 힘은 "사물을 분리하기는커녕 결속하고, 사물을 혼동하기는커녕 개별화한다".[46] 「신의 영역」에서 중요한 과제가 되는 것은 그리스도의 우주적 현존과 영향력이다. 이 문제는 본서의 마지막 부분에서 "신의 영역과 우주적 그리스도"라는 용어로 명백히 설명되어 있다.[47] 여기서 떼이야르는 그리스도의 편재와 신의 영역을 동일시하고 있다.

이제 인자人子와 신의 영역이 공교롭게도 동일함을 어떻게 확증할 수 있는지 한걸음 한걸음 탐구해 보자. 첫째는 틀림없이 인간을 감싸고 있는 신의 편재를 행위의 편재로 봄이다. 신은 인간을 창조하고 보존함으로써 자신의 힘을 인간에게 속속들이 미치고 있다. 이제 한걸음 더 깊이 고찰해 보자. 창조주는 분여된 존재인 인간에게 어떤 모양으로, 또 어떤 계획하에 은혜를 베풀고 또 그 은혜를 지탱하게 하는가? 신은 인간으로 하여금 본질적으로 당신을 찾는 마음과 당신과 결합하여 하나가 되고자 하는 마음 — 감히 바랄 수 없는 욕망 — 을 가지게 한다. 인간을 자신의 현존 안에 잠기게 하는 신의 행위는 바로 "합일적 변형"이다.

이제 좀더 깊이 들어가보자. 신의 활동을 통하여 형성될 인간의 최고 복합적 실재는 무엇인가? 이 문제에 관하여 성 바울로와 성 요한은 분명히 언급하고 있다. 그것은 바로 만물의 양적 충만과 질적 완성이다. 그것은 신비로운 플레로마로서, "유일한 실체와 다수의 피조물"이 아무 혼돈 없이 융합하여 하나의 통일체를 이루고, 여기에서 신은 어떤 본질을 취하지 않고도 존재의 극치와 종합이 된다.

이제 우리의 고찰도 막바지에 이르고 있다. 그러면 플레로마의 능동적 중심, 활기 띤 연결, 조직화의 핵심은 무엇인가? 이 문제에

---

[46] *OE* 9, 87.   [47] *DM* 121-32.

관하여 성 바울로는 다음과 같이 확언하고 있다. 즉, 그것은 자신 안에서 만물을 통일하고 완성하는 분, 자신을 통하여 만물이 일관성을 지니게 하는 분(만물을 충만하게 하고, 자신으로 말미암아 만물이 존재하는 바로 그분)인, 죽었다가 부활한 그리스도다.

이제 동일한 의미가 있는 첫째 개념과 마지막 개념을 연결해 보자. 그러면 신의 편재가 전체 그리스도의 조직력에 의하여 전우주에 널리 미친다는 것을 알고 흡족할 것이다. 신은 세계를 구원하고 세계에 거대한 활력을 불어넣는 그리스도를 형성하고 완성하면서 천국, 세상, 지옥의 모든 권세를 매개로 삼아 인간 안에 또 인간 위에 군림한다. 또 이러한 작용이 진행되는 가운데 그리스도는 무기력하고 수동적인 수렴점이 아니라, 자신의 인간성을 통해 우주를 신에게로 이끌어가는 에너지의 방사원放射源으로서 작용한다. 결국 신의 활동은 우주에 충만한 그리스도의 유기적 에너지를 통하여 인간에게 도달한다.[48]

우주적 그리스도는 우주적 역할을 하는 오메가로서의 그리스도다. 떼이야르는 "전체 그리스도"와 "우주적 그리스도"라는 표현을 종종 "보편적 그리스도"와 같은 뜻으로 사용한다. 이러한 표현은 모두 우주적 역할을 하는 그리스도를 뜻한다. 즉, 이상적이거나 원형적인 어떤 인간상이나 세계상이 아니라, 자신의 인간성을 손상하지 않고, 부활로써 지속 및 공간의 물리적 무한과 동일한 외연을 가지게 된 나자렛 예수를 뜻한다.[49] 따라서 "보편적 그리스도", "우주적 그리스도", "전체 그리스도"라는 용어는 그리스도가 오메가로서의 역할과 활동을 하는 한, "강생한 개별적인 그리스도의 위격"을 의미한다. 이러한 표현은 창조력과 구속력救贖力에 의해 인간과 우주를 자

---

[48] *DM* 122-3. [49] "Esquisse d'un univers personnel" (1936): *OE* 6, 113.

신에게 결합하는 역할을 하는 그리스도의 신체 위격을 뜻한다.[50]

떼이야르는 몇 줄의 문장으로 우주적 그리스도의 신학을 종합하고 있다. 그리스도와 진화의 오메가가 동일하다면 모든 진화, 즉 생성(발생)이 그리스도의 충만을 지향하고, 따라서 그리스도의 힘을 받아 활기를 띠게 된다. 그렇다면 진화 과정이 단순히 우주 발생, 생명 발생 및 정신 발생만은 아니다. 진화 과정은 결국 매우 포괄적인 그리스도 발생이다.[51] 따라서 창조적 합일과 플레로마의 점차적 형성이 바로 그리스도 발생이라 생각할 수 있다. 떼이야르는 그리스도 안에서의 우주 발생(생성)이라는 용어를 빌려 창조신학의 체계를 세우려고 하였다. 그가 수년간의 사색 끝에 얻게 된 그리스도 발생이란 용어는 까다로운 말이긴 하나 진화하는 우주의 구조를 요약하여 설명한 말이다. 왜냐하면 떼이야르는 이 용어를 풀이하여 "그리스도 안에서 만물이 궁극적 통일을 이루려는 동적 운동, 또는 플레로마를 이루기 위해 그리스도께로 향하는 동적 운동"이라 했기 때문이다.

---

[50] C. Mooney, S.J., *Teilhard de Chardin and the Mystery of Christ*, 178.

[51] "Le Christique" (1955) 8.

크리스천과 신의 창조행위와의 합일

창조적 합일이 플레로마를 지향하고, 그리스도-오메가를 향해 수렴하는 우주의 진화는 시간과 공간 안에서 진행된다. 말하자면 진화는 인간에 의하여 의식되므로 인간은 진화를 플레로마를 향해 진행시킬 수 있다. 인간은 그리스도의 활동에 협력하고 점차적으로 플레로마를 이루고 있는 신의 창조활동에 참여하도록 불림을 받고 있다. 우주에서 새로운 의미를 지닌 인간은 "신 안에서 신을 위하여 위대한 창조사업과 성화사업을 수행하기 위해 이기심을 버리고 경건하게 일상생활 업무에 헌신하고 있다".[52] "신의 창조행위는 진흙을 빚듯 그렇게 쉽게 인간을 만들지는 않는다. 창조의 손길이 닿고 있는 만물에 생기를 주는 것은 '불 같은 힘' a Fire이고, 활기를 주는 것은 영靈이다. 그러므로 인간은 창조행위에 활기있게 헌신해야 하고 창조행위를 모방해야 하며, 또 창조행위에 동조해야 한다. 신의 창조의지에 능동적으로 순응하는 그리스도교 신자가 신의 창조행위에 깊이 관여할수록[53] 또 자신의 자유를 신의 창조행위 및 통일활동과 결합하면 할수록[54] 더욱 완전한 신의 도구가 될 것이다." 위의 인용문은 떼이야르가 1차 세계대전 당시에 쓴 초기 논문에서 발췌한 것이다. 그러므로 이것은 그리스도교 신자가 신의 창조활동에 참여할 태도를 밝힌 그의 초기 사상의 일례다.

떼이야르는 그가 1927년에 쓴 「신의 영역」에서 이 문제를 가장 깊이 다루고 있다. 그리스도교 신자가 신의 창조활동에 참여할 때

---

[52] "La nostalgie du front" (1917): *Ecrits* 213.
[53] "Le milieu mystique" (1971): *Ecrits* 152-4.
[54] "Forma Christi" (1918): *Ecrits* 342.

그는 신의 창조력과 결합하고, 이에 따라 그는 창조력의 연장이 된다고 말할 수 있다. 즉, 그리스도 신자는 신의 창조활동에 사로잡혀 그것과 합치한다. 자신의 업무를 성취하고자 하는 의욕과 또 성취해야 할 일에 열중함은 피조물로서 가져야 할 인간의 성실성이다. 그러므로 인간의 활동은 중요하다. 그것은 창조활동을 하는 신에게 협력하는 것이기 때문이다. "인간은 자신의 활동을 통하여 신에게 가까이 나아갈 수 있으므로 인간은 자신의 임무를 외면하지 않아야 한다."[55] 「신의 영역」에서 나타난 사상, 즉 인간이 신의 창조활동과 결합한다는 사상은 곧 플레로마를 건설한다는 사상과 일치한다.

> 모든 피조물에서 시작하여 그리스도의 완성과 충만에 이르자면 그리스도가 인간의 협력을 불러일으켜야 한다. 우리는 창조가 이미 오래 전에 완성된 것으로 생각할지 모른다. 그러나 이러한 생각은 매우 잘못이다. 창조는 지금도 더욱 거창하게 진행되고 있으며, 특히 지성계에 있어서 그러하다. 그러므로 우리는 비록 미약한 활동을 통해서나마 창조의 완성에 이바지하고 있다. 이렇게 될 때 비로소 인간의 활동은 의미와 가치가 있는 것이다. 물질, 영혼, 그리스도간의 상호관계 때문에 인간은 어떤 활동을 하든지 "신이 바라는 존재의 일부분"을 신에게 되돌려주고 있다. 인간의 활동은 무엇이나 ─ 각각 분리된 것이지만 ─ 현실적으로 플레로마 건설에 이바지하고 있다. 즉, 인간은 조금씩 조금씩 그리스도를 완성해 가고 있다는 말이다.[56]

그리스도 신자가 창조자인 그리스도와 합일한다는 사상, 그리스도 신자의 노력이 플레로마에 기여한다는 사상은 1927년부터 단일한

---

[55] *DM* 64. [56] *DM* 62.

사상으로 다루어지고 있다. 이리하여 신의 창조활동에 인간이 참여한다는 단순한 개념은 매우 중요한 개념이지만 그 이상 세밀히 고찰되지 않았다. 떼이야르는 1941년에 쓴 어느 편지에서 "나의 전 영성생활은 나 자신을 능동적으로 신의 현존과 활동 속에 차츰차츰 잠기게 하는 데 있다"라고 말하고 있다. "'생성'生成과의 교제가 내 필생의 신조가 되고 있다."[57] 그러나 떼이야르는 자신의 창조관과 통일관이 더욱 발전되자 그리스도-오메가의 인력 — 위로부터 오는 힘 — 대신에 인간의 노력이 플레로마(그리스도의 충만)에 기여함을 크게 강조하고 있다.

---

[57] 1941년 5월 19일자 편지: *LT* 283.

인간의 활동과 그리스도의 충만

떼이야르가 자신이 전시에 쓴 최초의 논문에서 비롯하여 줄곧 표명하려고 한 사상은 곧 인간이 일상생활의 활동을 통하여 그리스도의 충만에 영구적으로 이바지한다는 확신이다. 어떤 표현은 격에 맞지 않지만 인간의 활동이 그리스도의 충만에 기여한다는 사상은 마찬가지다. 그리스도는 강생에 의하여 인류의 일부분만이 아니라 우주의 일부분이 되었다. 또 그리스도는 우주의 일부분만이 아니라 바로 우주의 지배원리다. 그리스도는 전우주를 채우는 "우주적 신체"를 가지고 있다. 그리고 이 우주적 그리스도는 아직 완성되지 못했다. "세계는 지금도 창조 도중에 있고 그리스도는 완성되어 가고 있다. 신의 왕국이 도래하자면 인간이 현세를 정복해야 한다. 그러므로 그리스도교 신자는 자신의 소신 때문에라도, 위대한 세계 건설의 역군들 중 특수한 위치를 차지해야 한다."[58] 떼이야르는 *La vie cosmique*라는 논문을 쓴 지 1년 후에(1917), 어느 편지에서 "나는 날이 갈수록 인간의 활동이 성스러움을 굳게 믿고 있다"[59]라고 말하였다.

떼이야르가 군에 복무하던 마지막 시기에 쓴 논문에서도 인간이 선의를 가지고 활동할 때, 노력의 가치와 활동의 실제적 결과가 혁혁하게 드러난다고 말하고 있다. "그리스도는 나의 전 존재와 함께 열매가 열린 나무, 즉 수고와 결실을 원한다." 그리스도가 자신의 충만에 도달하기 위해서는 인간의 노력에서 나오는 결과를 필요로

---

[58] "La vie cosmique" (1916): *Ecrits* 47, 51, 52, 54.

[59] 1917년 7월 26일자 편지(H. de Lubac, *La pensee religieuse du Pere Teilhard de Chardin*, 353).

한다.[60] 단순히 선의와 공적을 남길 의향만을 가질 때 인간의 노력은 가치가 없고, 인간의 노력이 "세계의 종국점인 예수 그리스도와 결합할 때 비로소 그것은 가치가 있다".[61] 인간의 현세적 활동은 초자연화된 세계의 전체적 발전에 필요한 구성 요소가 된다. 떼이야르는 이러한 발전이 그리스도를 향해 수렴하는 거대한 통일운동으로 나타난다고 말하고 있다.[62]

마침내 떼이야르는 1919년에 쓴 짧은 논문에서 이전의 사상을 재검토하고 있다. 이리하여 그는 우주의 의미와 인간활동의 가치에 관하여 신과 관련시켜 약술할 어떤 "우주적 요소"를 탐구하게 되었다. 그는 신의 의지에 관하여 고찰하다가 신의 창조활동이 곧 이 우주적 요소라는 견해에 도달하였다. 그는 이것만으로 만족하지 않고 더욱 깊이 탐구한 결과, 그가 오랫동안 고심해 온 우주적 요소에 "그리스도의 우주적 감화력"이라는 적당한 말을 붙였다. 떼이야르는 만물이 그리스도의 인력에 의하여 그리스도를 향해 수렴하고 마침내 그리스도 안에서 플레로마가 이루어짐을 언급하기 위하여 "그리스도의 우주적 신체"라는 용어를 썼다고 말하고 있다.[63]

이와 때를 같이하여 그는 블롱델Maurice Blondel에게 보낸 편지에서 "우리는 어쨌든 플레로마의 가장 가까운 재료를 준비함으로써 그리스도의 충만에 도달하려면 충실한 순종만이 아니라 활동이 필요하다"[64]라고 말하고 있다.

그후 10년 동안 떼이야르는 줄곧 인간의 현세적 활동의 중요성을 신학적으로 고찰하고 있다. 1920년에 쓴 「우주적 그리스도론」이란

---

[60] "Le prêtre" (1918): *Ecrits* 296.
[61] "Note pour l'évangélisation des temps nouveaux" (1919): *Ecrits* 374.
[62] "Terre promise" (1919): *Ecrits* 395; "Mon univers" (1918): *Ecrits* 276.
[63] "L'élément universel" (1919): *Ecrits* 405-8.
[64] 1919년 12월 12일자 편지: *Archives*, 140.

논문에서 그리스도가 실제로 우주적 존재라면 그의 왕국은 본질상 초자연 생명의 영역을 초월한다고 추론하고 있다. 인간의 모든 활동은 그리스도와 관련시킬 수 있고 따라서 그리스도의 충만을 이루는 데 도움이 될 수 있다.[65] 그는 또 몇 년 후인 1923년에 쓴 「범신론과 그리스도교」*Panthéisme et Christianisme*에서 "모든 인간활동(아무리 물질적인 것이라도 관계없이)에 미치는 놀라운 은총은 그것의 물리적 결과에 의하여 그리스도의 신체 건설에 효과적으로 협력한다"고 언급하고 있다.[66] 그는 「신의 영역」(1927)에서 능란하게 다룬 인간의 노력에 관한 이론의 토대가 된 기초신학을 1924년에 체계화하였고, 그는 여기서 "그리스도는 인간의 주위에서 물리적으로 작용한다"[67]라고 말하고 있다.*

전우주는 그리스도의 힘으로 움직이고 진화의 방향을 따라 발전한다. 그리스도가 만물을 자기에게로 끌어당김으로써 우주의 만물은 앞을 향해 나아간다. 그렇다고 그리스도가 우주의 정상적인 발전 과정을 혼란하게 하지는 않는다. 이 자연적인 역동이 그리스도의 우주적 활동에서 나오기 때문이다. 더욱이 우주의 모든 운동은 물리적으로 그리스도를 돕는다. 그리스도는 우주 만물(선이며 통일에 이바지하는)을 받아들이고 변화하고 신화神化한다.

그리스도가 오메가라면 만물은 그리스도의 우주적 신체 건설을 목표로 삼을 수 있다. 우주의 통일을 위해 수행되는 행위는 아무리

---

[65] "Note sur le Christ universel" (1920): *OE* 9, 41.

[66] "Panthéisme et Christianisme" (1923) 12.   [67] "Mon univers" (1924): *OE* 9, 87-8.

* 떼이야르가 physique란 말을 어떤 의미로 사용하였는가는 모호하다. 프랑스어의 physique는 영어의 physical보다 더 넓은 의미로 사용된다. physique는 본래 material을 뜻하지 않는다. 그것은 오히려 "실재하는", "실존하는"이라는 뜻이다. 그러므로 떼이야르가 사용한 physical(physique)이란 말도 이러한 뜻으로 알아듣는 것이 옳을 것이다. 떼이야르는 우주와 그리스도의 관계를 단순히 윤리적·법적 관계로만 규정하는 용어는 인정하지 않는다. 떼이야르가 사용한 physique는 결코 형이상학적 또는 초자연적이란 말과 대당되는 말이 아님을 참고삼아 부기한다. — 저자 주.

천하고 미소한 것이라도 보탬이 된다. "이리하여 전체 그리스도는 모든 활동을 '직접, 영원히' 자신에게 흡수하고 … 그리스도는 나의 활동 결과, 즉 나의 지향만이 아니라 명백히 드러나는 나의 활동 결과를 바란다."[68]

떼이야르는「신의 영역」에서 인간활동의 중요성과 가치에 관하여 종합적으로 논의하고 있다. 세계와 인간의 현세적 노력은 종교적 가치가 크다. "세계를 이해하는 사람들에게는 창조와, 더군다나 강생 때문에라도 현세에는 하나도 속된 것이 없다고 생각한다."[69] 그리스도교 신자는 현세사에 헌신할 권리와 의무가 있다.[70]

> 그리스도교는 그렇지 않더라도 무거운 짐을 더욱 무겁게 하고 이미 마비된 사회생활의 유대를 더욱 마비시키려고 — 실상 이런 경우가 종종 있었지만 — 무거운 계율과 의무를 덧붙여주지는 않는다. 그리스도교는 실상 거대한 힘의 정수로서 인간의 활동에 의미와 미美와 새로운 광명을 던져주고 있다.[71]

떼이야르는「신의 영역」을 쓴 이후 여러 작품에서 신은 피조물을 통하여, 특히 인간의 활동을 통하여 능동적으로 예배와 공경을 받는다고 강조하고 있다. "이때까지 공경한다는 것은 피조물을 신에게 복속시켜 신에게 바침으로써 신을 만물 위에 높이는 것이라 생각해왔다. 그러나 이제부터 공경이란 인간의 육신과 영혼을 창조활동에 바침으로써 신과 결합하고 인간이 노력하고 탐구함으로써 세계를 완성함을 뜻한다."[72] 그러므로 앞으로는 세속사를 단순히 신에게 영광을 드리기 위해 이용할 도구로만 생각할 것이 아니다. 세속사는 점차적으로 완성되는 세계 통일과 융합하고 플레로마의 건설을 위

---

[68] "Mon univers" (1924): *OE* 9, 96.   [69] *DM* 66.   [70] *DM* 69.
[71] *DM* 70.   [72] "Christologie et évolution" (1933) 12.

한 인간의 활동과 융합할 "우주의 공동 요소"로 생각해야 할 것이다. 이리하여 현세와 천국의 대립은 "현세의 건설을 통해 천국으로"라는 새로운 공식으로 해결될 수 있다.[73]

그가 죽기 직전에 쓴 마지막 논문에서 인간의 세속적 활동을 그리스도 발생과 관련시키고 있다. 그리스도 신자는 자신이 그리스도 발생에 점차적으로 동화됨을 깨닫는다.[74] 떼이야르는 신과 결합하는 제3의 방법을 말하고 있다. 이제까지 인간은 갖가지 종교를 통하여 세속을 도피하거나 범신론적 방식으로 세속사에 열중함으로써 만유 萬有와 결합하여 신과 일치하려 하였다. 그러나 그리스도교는 "제3의 방법"[75]을 취한다. 진화적 초월 영역, 즉 신의 영역은 그리스도화한 우주와 동일하다. 그리스도를 중심으로 삼고 그리스도의 현존으로 충만한 「신의 영역」에서는 모든 활동 — 인간에게 속한 것이건 그리스도로부터 오는 것이건 — 이 "범인간화하고 범그리스도화한다".[76]

---

[73] "Recherche, travail et adoration": *OE* 9, 289.
[74] "Le Christique" (1955) 6.   [75] 동상.
[76] "Le Christique" (1955) 9.

세상의 미사

우리는 인간활동의 중요성에 관한 문제와 활동을 신의 창조행위의 연장으로 보는 견해를 떼이야르의 성찬신학聖餐神學이라는 특수 관점에서 전반적으로 고찰할 수 있다. 떼이야르의 성찬신학은 플레로마를 성취하는 창조적 합일 및 인간 노력의 신학을 설명하는 데 큰 도움이 될 뿐 아니라, 그리스도와 인간의 활동이 점차적인 세계의 변화 — 그리스도 안에서 만물이 통일되는 데서 오는 변화 — 에 이중적인 영향을 미친다는 떼이야르의 견해 중 일부분이 되고 있다. 그렇다고 떼이야르의 성찬신학이 완벽한 것은 결코 아니다. 예를 들면 그는 성찬 안의 그리스도 실체 현존 방식에 관한 문제를 특별히 취급하지도 않는다. 그는 단순히 실체 현존을 인정할 뿐이다. 그뿐 아니라 그는 미사와 십자가상의 제사(희생) — 이 둘은 그리스도 발생에 관한 떼이야르의 사상에서 제나름의 신학적 위치를 차지하지만 — 간의 특수한 관계도 고찰하지 않고 있다. 떼이야르는 이러한 문제가 추상적인 것이라고 생각한다. 그는 인간, 우주 및 인간의 현세적 활동과 그리스도의 관계 등 구체적 문제에 더욱 관심이 크다. 이리하여 그의 성찬신학도 이러한 문제를 중심으로 전개된다.

떼이야르는 1916년에서 1919년에 이르기까지 그의 초기 작품 중 사변적인 내용의 논문에서 종종 성찬에 관하여 언급하고 있다. 성찬에 관한 세 가지 신비적인 견해 중 두 가지는 이 시기의 작품에서 찾을 수 있다. 1916년에 쓴 「물질세계의 그리스도」*Christ in the World of Matter*와 1918년에 쓴 「사제」*The Priest*가 바로 그러한 작품이다. 이 두 작품이 신학적 성격보다는 오히려 상당히 시적詩的 성격을 띠고 있긴 하나 그후에 세계와 "성찬의 그리스도"간의 관계를 밝힌 떼이야르

사상의 원천이 되고 있다. 시적 표현인 「물질세계의 그리스도」에서 우주는 그리스도의 힘으로 진동한다고 묘사되고 있다. 둘째의 시적 표현에서 "성체"는 널리 전우주를 포용하고 변화시키며 생동하게 한다고 묘사되어 있다. 또 셋째의 복잡한 표현에는 세계의 진화 과정이 다수로 분열되는 듯하나 근본적으로는 단일하고 거대한 신비적 작용임을 상징하는 것이 성체聖體라고 묘사되어 있다.[77]

「사제」는 전선에서 쓴 것인데 묵상기도의 형식으로 되어 있다. 이 것은 "주여, 당신의 사제인 나에게는 지금 면병도 포도주도 제단도 없나이다. 그러므로 나는 내 손을 이 넓은 우주에 펴서 이것을 송두리째 당신께 제물로 바치나이다. 당신이 변화시키고자 하시는 최후의 면병은 무한한 조물계가 아니니이까"[78]로 시작된다. 그리스도가 면병을 성체로 변화시키러 내려올 때 그리스도의 강생은 연장되고 이에 따라 "그리스도의 활동이 적은 면병 조각에 잠시 현존하고 말지는 않는다. 실체 변화transubstantiation는 전우주가 실제로 신화神化될 때 찬란한 광채를 발한다".[79] 떼이야르는 다음과 같이 기도한다. "전능하신 성부여! 이 순간에도 나는 흰 면병보다 더한 것을 바라보며 그것에 의지하고 … 나는 모든 발전과 모든 실체에 '이는 내 몸이니라'라고 말하겠나이다."[80] 이와같이 떼이야르는 전우주를 제물로 삼는다. 왜냐하면 "보잘것없는 한 개의 원자에 이르기까지 그것이 가진 반발력이나 반사력으로 인하여 예수의 충만에 기여하기 때문이다".[81] 이리하여 전우주는 성체의 힘으로 그리스도의 몸과 피가 된다. "미소하고 힘없는 성체가 나에게는 우주만큼이나 크게 보였다. … 우주의 축성은 그침없는 우주의 성찬의식으로 끝난다."[82] 우주는

---

[77] *Hymn of the Universe* (S. Bartholomew 역) 50(이후 *HU*로 표기); 1916년 7월 14일자 편지: *MM* 112.

[78] "Le prêtre" (1918): *Ecrits* 285.   [79] *Ecrits* 287.

[80] 동상.   [81] *Ecrits* 288.   [82] *Ecrits* 294.

그리스도의 몸이기 때문에 "인간이 기꺼운 마음으로 신을 위해 활동할 때와 자신의 활동이 위대할 때 그 활동은 거룩하게 된다".[83]

떼이야르는 1917년 *Le milieu mystique*(「신비의 영역」)에서 다음과 같이 말하고 있다. "주여! 당신은 '이는 내 몸이니라' 라고 하였으므로 제대상의 빵만이 아니라 어느 정도 영성생활 및 은총생활을 위해 내 영혼을 길러주는 우주의 만물도 당신의 것이 되고 거룩해졌나이다. 다시 말하면 우주 만물이 신화되고 신화하며 신화할 수 있는 것이니이다."[84] 「사제」에 나오는 말이 어떤 이들의 마음을 동요시킬지도 모른다. 사실 떼이야르의 원고를 읽은 예수회의 어떤 관구장이 범신론에 동요되었다.[85] 그러나 「사제」에 나오는 말과 표현은 기도의 형식을 지녔고, 따라서 일반 대중을 상대로 씌어진 것이 아님도 기억해야 한다. 떼이야르가 전시에 군에 복무하는 동안 미사를 드릴 수 없을 때 주로 이런 풍으로 기도드린 것이다. 그후 6년이 지나서(1923) 사막에서 탐험생활을 하던 중 역시 미사를 드릴 수 없게 되자 떼이야르는 전시에 써두었던 「사제」를 많이 수정하여 다시 내놓았다.[86] 그것이 바로 「세계에서 드리는 미사」다.[87]

> 주여! 비록 여기는 에느Aisne의 숲속이 아니고 아시아의 초원지대입니다만 이곳 역시 면병도 포도주도 제단도 없나이다. 나는 이제 이와 같은 상징적인 것을 떠나 실재 자체의 순수한 존엄성을 바라보나이다. 당신의 사제인 나는 온 세계를 제대 삼아 그 위에서 현세의 모든 수고와 고통을 당신께 제물로 바치겠나이다. 이때 우리의

---

[83] *Ecrits* 299; "La vie comique" (1916): *Ecrits* 40-1.
[84] "Le milieu mystique" (1917): *Ecrits* 164-5.
[85] 1918년 10월 3일자 편지: *MM* 243-4.
[86] 1923년 12월 30일자 편지(*Ecrits* 285에 인용되어 있음)의 편집자 각주.
[87] *HU* 19-37.

노고는 무수한 면병 조각이 되고 우리의 고통은 알알이 짜낸 한 모금의 포도주가 됨을 아나이다. 당신은 형체없는 이 심오한 미사에서 항거할 수 없는 거룩한 욕구 ― 나는 이것을 느끼기 때문에 확신합니다 ― 를 불러일으켜 신자거나 불신자거나 똑같이 "주여 우리를 하나로 만드소서" 하고 외치게 합니다.[88]

떼이야르는 성부께 "세계의 성찬"[89]을 봉헌한다. 그리스도는 권능과 권력을 가지고 세계에 강생하였기 때문이다.[90] 떼이야르는 「세상에서 드리는 미사」의 마지막 부분에서 아래와 같이 언급하고 있다.

나의 하느님, 나의 모든 즐거움, 나의 성공, 나의 존재 이유, 나의 인생에 대한 애착은 오로지 당신과 우주가 어떻게 결합하느냐 하는 근본적인 관점에 달려 있나이다. … 최대의 연장을 지닌 당신의 육신 ― 곧 모든 것이 새롭게 되기 위해 소멸하는 이 영예롭고 발랄한 시련의 도가니인 세계(당신의 능력과 나의 신앙으로 이렇게 되겠지만) ― 에 나는 당신의 창조적 인력이 나에게 부여한 모든 역량, 즉 보잘것없는 나의 학문, 나의 수도서원, 사제직 그리고 가장 깊은 나의 인간적 신념과 더불어 나 자신을 바치나이다. 주 예수여, 나는 이렇게 나와 나의 모든 소유를 바치면서 살고 또 죽으려 하나이다.[91]

드 뤼박 신부는 예수 그리스도가 떼이야르의 묵상기도의 주제가 된 것은 바로 이 성찬의 신비로움에 있다고 말한다.[92] 떼이야르의 성찬신학과 우주신학은 바로 자신의 신심 깊은 사색에서 나온 것이다.

---

[88] *HU* 19-20.   [89] *HU* 26.   [90] *HU* 28.   [91] *HU* 37.
[92] H. de Lubac, *Teilhard de Chardin, the Man and His Meaning*, 56.

성찬과 우주

떼이야르는 1923년과 1924년에 쓴 두 편의 논문에서 성찬과 세계의 관계를 그렇게 신비적인 형식으로 고찰한 것은 아니다. 그는 우주를 성찬의식의 연장으로 보고 있다. 그리스도께서 사제의 입을 통해 "이는 내 몸이니라"라고 말할 때 이 말은 비단 면병에뿐 아니라 세기의 흐름에 따라 점차적으로 변화하는 전우주에 미친다. 넓은 의미로 그러나 실제적인 의미로 말하면 "그리스도가 속속들이 침투하여 활기를 불어넣는 우주가 바로 하나의 성체다".[93]

성찬을 통한 그리스도의 현존은 실제상 전우주로 연장된다. 면병은 우선 또 제1차적 의미로 볼 때 한 조각의 물질이나, 그것이 실체변화에 의하여 그리스도의 몸이 될 때 그리스도는 우주의 인간계에 현존하게 된다. 그리스도의 위격적 에너지원源은 이 성체 안에 있다. 그런데 우리는 인간의 육체를 인간의 인격과 영적 힘이 모인 장소로 생각하듯이 그리스도의 신체(몸)도 이러한 의미에서 빵과 포도주의 형상 안에 존재한다. "이것은 나의 몸이니라"라고 말할 때 "이것"이란 무엇보다 먼저 빵을 가리킨다. 그러나 제2차적 의미, 즉 넓은 의미로 생각할 때 성찬의식의 재료는 우주 자체다. 우주적 그리스도의 현존은 우주 안에 확대되어 마침내 우주를 채운다.[94] 떼이야르는 그리스도의 구속활동과 통일활동이 성찬을 통하여 연장되는 것으로 생각하고 또 "그리스도의 우주적 힘도 바로 성찬을 통하여 인간에게 도달되고"[95] 이에 따라 성찬은 우주적 능력과 실제성을 지니고 있다고 생각한다. "우주적 축성"의 대상은 정적인 우주가 아니

---

[93] "Panthéisme et Christianisme" (1923) 12.
[94] "Mon univers" (1924): *OE* 9, 94.
[95] *OE* 9, 93.

라 진화·발전하는 동적인 우주다. 그러므로 인간의 활동도 우주의 축성(성화)과 함께 성화된다. 즉, 인간의 노력은 성화되고 — 넓은 의미로 말해서, 즉 한걸음 더 나아가 — 다른 것을 성화한다. 그런데 신의 창조활동을 설명해 줄 뿐 아니라 인간은 자신의 활동과 수고를 통하여 신과 결합함을 말해주는 명구가 있다. 그것은 바로 "이것은 내 몸이니라"라는 말로서 우주를 결정론, 자유 및 은총이 결합하여 — 물론 무한히 다양하고 실제적인 양식으로 — 그리스도를 강생하게 하는 "우주적 종種"으로 보는 사람에게는 이 명구가 귀에 울린다.[96]

떼이야르는 「신의 영역」에서 플레로마의 구성 관념과 성찬의식을 통한 그리스도 실재의 관념을 종합하고 있다.

> 사제가 "이것은 내 몸이니라"라고 말할 때 이 말은 직접 빵에 전달되어 그 빵은 그리스도의 개별적 실체로 변화한다. 그러나 거대한 성찬의식은 단순히 장소적·순간적인 사건에 그치지 않는다. 인간의 생애, 교회생활 및 세계사를 통하여 아이들이라도 미사와 성찬의식은 하나뿐임을 알고 있다.

개개의 성찬의식은 "단일 행위가 계속적으로 다수로 분리되어 공간과 시간 안에 고정된 중심점들에 불과함을 경험으로 알 수 있다. 역사를 두루 살펴보면 세계에는 단일한 사건이 전개되고 있다. 그것은 바로 성찬의식을 통하여 각 개인에게 실현되는 강생이다".[97] 만인은 성찬의식으로 하나의 거대한 공동체가 되고, 그리스도는 이 공동체를 통하여 인간과 결합한다. 그러나 우주는 하나의 유기적인

---

[96] "Note sur l'évangélisation des temps nouveaux" (1919): *Ecrits* 374-5; 1919년 12월 29일자 편지: *Archives*, 151.

[97] *DM* 123-4.

질서로서 그 안에 포함된 모든 부분과 단계 및 만물은 서로 극히 밀접하게 연결되어 있다. 우주에서 가장 신령한 인간의 영혼은 "어느 모로 보면 신 안에 잠겨진 물질의 찬연한 외각外殼이다". 다른 비유를 들어 말하면 인간은 우주 진화에서 무엇보다 "가장 앞장선 정신적인 점"에 해당한다. 따라서 모든 조물은 인간과 더불어 진화하고 인간 안에서 종합된다. 이리하여 인간과 인간의 우주적 상황을 연결한 단단한 줄을 끌어당길 수 없으므로 성찬의식은 인간에게 힘을 미쳐 마침내 그 힘은 인간이 사는 "그리 밝지 못한 지역"에까지 연장된다.

> 인간과 물질이 동화하고 성체와 인간이 동화하기 때문에 성찬의식은 제대상의 빵의 실체 변화를 초월하고 완성한다. 이리하여 성체 변화는 차츰차츰 온 우주에 침투하고 … 제2차적이고 보편화된 의미에서 — 그러나 참된 의미에서 — 전세계가 성사의 형상形相이 되고, 창조의 지속은 우주를 성화하는 데 필요한 시간이 되고 있다.[98]

"매순간마다 성찬 안에 현존하는 그리스도는 플레로마의 형성이라는 관점에서 고찰할 때 — 올바른 세계 이해는 이러한 관점에서만 가능하다 — 우주의 운동을 송두리째 통제한다. 신은 그리스도를 통하여 만물을 창조하고 활기있게 하며, 또 인간에게 제공한다."[99]

「신의 영역」에 나오는 이러한 구절들은 성찬의식과 우주에 관한 가장 진보적인 사상을 보이고 있다. 떼이야르의 이러한 사상 계열은 1916년에 「물질세계의 그리스도」라는 시에서 비롯하여, 1927년에 성찬의식을 "우주신학"의 형식으로 표현한 시적 직관으로 끝난다. 떼이야르는 성찬의식에 관한 신앙과 자신의 신학적 세계관을 종합하였다. 그는 그후 1944년과 죽기 직전인 1955년에 오직 두 번

---

[98] *DM* 125-6.   [99] *DM* 125.

더 성찬의식에 관하여 언급할 뿐이다. 이때 그는 성찬의식을 그리스도 발생과 관련시켜 다루고 있다. 성찬의식(성체성사)은 모든 성사 중 으뜸일 뿐 아니라 성사 중의 성사로서 다른 성사는 모두 이것과 관련되어 있다. 왜냐하면 강생(말하자면 창조)의 축은 직접 성찬의식을 통과하기 때문이다. 성찬의식을 통하여 그리스도를 받아들일 때 각자는 우선 심리적으로 그리스도의 동화력에 접한다. 그러나 우리의 모든 성체 배령은 오직 하나의 긴 성체 배령 — 유일한 그리스도화 과정 — 의 연속적 순간들이다. 모든 그리스도교 신자들의 성체 배령이 이런 것이므로 모든 성체 배령은 역사 안에서 유기적으로 결합하여 하나의 거대한 성찬의식을 이룬다. 성찬의식을 전체적인 기능 면에서 고찰하면 그것은 실상 우주의 각 정신적 단위 속에 속속들이 미치고 있는 신적 에너지의 통일을 말해준다. 그리스도교 신자가 성체를 받을 때에 그는 바로 진화의 중심부와 접촉한다. 왜냐하면 성찬 안의 그리스도를 받아들임은 매시간마다 그리스도 발생 과정과 일체를 이루기 때문이다. 더군다나 성체 배령으로 진화의 핵심과 접촉하는 것처럼 "성체의 핵심과 실제로 접촉하기 위해서는 진화하는 세계의 신체와 상통하지 않으면 안된다".[100]

그리스도가 진화의 오메가와 동일한 존재라면 그는 물질적으로 만물에 자신을 방사放射하고 그 속으로 뚫고들어가 만물을 생동하게 하는 분으로 생각해야 한다. 그리스도는 우주의 창조적 통일을 성취하는 제1 원동자로서 어디서나 실제적인 변화를 가져올 수 있다. "이리하여 성찬의식의 신비는 바로 우주적인 실체 변화를 통하여 무한히 연장되고 이에 따라 성체 축성의 말은 제대상의 빵과 포도주뿐 아니라 수렴하는 우주의 진화 과정에서 생기는 모든 환희와 고통에도 파급된다."[101]

---

[100] "Introduction à la vie chrétienne" (1944) 9-10.

[101] "Le Christique" (1955) 8-9.

악에 대한 승리

신약성서의 "구속신학"에서는 두 가지 관점, 즉 소극적인 면과 적극적인 면에서 구속을 논하고 있다. 소극적인 면에서 본 구속은 세상의 죄를 없애기 위한 "그리스도의 속죄행위"를 뜻한다. "그리스도는 성경의 말씀대로 우리 죄로 인하여 죽으셨다"[1]는 것이다. 그러나 적극적인 면에서 보면 구속은 바로 악의 세력에 대한 승리다. "이와같이 우리도 어렸을 때에는 원시종교에 얽매여 종 노릇을 하고 있었다. 그러나 때가 찼을 때 하느님께서 당신의 아들을 보내셔서 여자의 몸에서 나게 하시고 율법의 지배를 받게 하셨다. 그래서 율법의 지배를 받고 사는 사람을 구원해 내시고 또 우리에게 당신의 자녀가 되는 자격을 얻게 하셨다."[2] "인간의 모습으로 나타나셔서 당신 자신을 낮추어 죽기까지, 아니 십자가에 달려서 죽기까지 순종하셨다. 그러므로 하느님께서도 그분을 높이 올리시고 모든 이름 위에 뛰어난 이름을 주셨다. 그래서 하늘과 땅 위와 땅 아래에 있는 모든 존재가 예수의 이름을 받들어 무릎을 꿇고, 모두가 입을 모아 예수 그리스도가 주님이시라 외치며 하느님 아버지를 찬양하게 되었다."[3] 교부 시대 이후 그리스도교의 구속신학은 줄곧 적극적인 면보다 소극적인 면에 더욱 유의하여 왔다. 떼이야르 드 샤르댕은 그리스도의 구속론에서 보상과 속죄 개념(소극적인 관점)을 간과하지 않고도 구속의 적극적인 면을 강조하고 있다.

---

[1] 1고린 15,3.   [2] 갈라 4,3-5.   [3] 필립 2,8-11.

떼이야르는 현대인의 당면 문제와 요구에 응할 수 있는 구속신학의 기초를 확립하려 하였다. 그는 자신의 신학사상에서 구속의 건설적인 면, 즉 악의 세력에 대한 승리를 강조하고 있다. 따라서 그의 구속신학은 과거의 어느 신학보다도 구속 과정에서 차지하는 인간의 위치나 또 인간의 능동적 및 수동적인 구속행위에의 참여를 더욱 융통성있게 논하고 있다. 떼이야르는 과거의 견해가 구속의 어두운 면, 즉 소극적인 면을 지나치게 강조하였다고 말하고 있다. 이리하여 그는 적극적인 면을 더욱 강조하는 견해를 취하려 한다.

구속의 교리에 관하여 그리스도교 사상과 신심은 이제까지 어떤 역사적 이유 때문에 무엇보다 먼저 속죄의 보상 개념을 역설해 왔다. 그리스도는 우선 세상의 죄를 짊어진 어린양으로 생각되었고 세상은 타락한 집단으로 생각되었다. 그러나 처음부터 다른 일면, 즉 적극성을 지닌 재건 또는 재창조의 요소가 인정되었다. 그것은 바로 "새 하늘과 새 땅"으로 아우구스티누스(354~430)까지도 이것은 십자가상 희생의 결과와 대가로 얻는 것이라고 말하였다. 이 두 가지 면을 지닌 그리스도의 능력, 즉 적극적인 면과 소극적인 면이 지닌 제나름의 중요성과 본연의 질서가 견해상으로나 성령의 인도를 받는 그리스도교 신자의 신심생활면에서 서로 반대되고, 더욱이 교리에서 주장하는 진화와 일치하지 않는다는 말인가?

현대에 일어난 대사건과 발견이 미친 영향으로 인하여 오늘날 복음의 말씀을 따르는 사람들은 확실히 감각적인 세계와 또 이러한 세계가 미치는 힘에 더욱 큰 흥미를 느끼고 있다. 이리하여 종교상의 인본주의적인 쇄신(어떤 점으로 볼 때 사물의 어두운 면을 인정하면서도 창조의 밝은 면을 더욱 강조하는 일종의 쇄신)이 대두하고 있다. 우리는 바로 이 순간에도 그리스도교적 낙관주의가 거세게 대두하고 있음을 목격하고 또 이에 동조하고 있다.

이러한 낙관주의가 인간의 경신행위에 어떤 반응을 할 것인가? 첫째, 그리스도는 우주의 보상자인 동시에 우주의 지배자 및 통치자로서의 인간을 자신에게로 더욱 끌어당기는 것 같다. 이것은 물론 정화인 동시에 "생명력의 부여", 즉 소극적 작용과 적극적 작용으로서 — 비록 양자가 서로 관계없는 것같이 보일지 모르나 — 실상 서로 결합하여 동등한 힘을 낸다고 생각한다.

그러나 이것은 중도적 입장에 불과하다. 보상의 개념을 아무리 철저히 인정하더라도 그것은 강생한 말씀의 구속사업에서 (자연질서상) 제2차적 위치만을 차지한다는 새로운 그리스도론을 긍정하면 종교적 발전도 "창조적 생명력"(우리는 이것을 의식적으로 기대하고 있다)도 나올 수 없단 말인가? 첫째, 신과의 결합으로 창조를 완성하고 둘째, 창조를 완성하기 위해 후퇴와 분산이라는 악의 세력을 제거할 필요가 있다. 그러므로 보상과 복귀가 앞설 것이 아니라 창조(더 완벽하게 말하면 재창조)가 앞서야 하고, 따라서 이 재창조를 위해 필연적으로 악을 거슬러 싸우며 악을 보상해야 한다.

이렇게 볼 때 십자가는 죄의 보상만을 상징하지 않고 모든 피조물을 더 높이 들어올리는 고된 작업을 상징하는 것 같다. … 신의 어린 양은 죄의 짐과 함께 세계 진보의 책임을 지고 있는 것 같다. 그리고 성취와 정복의 국면은 사죄와 희생의 개념을 더 의미있게 한다.[4]

위의 긴 인용문을 보면 떼이야르가 구속신학에서 의도하는 사상이 무엇인가를 알 수 있다. 떼이야르는 구속을 주로 창조적 노력, 즉 악의 세력에 대한 적극적인 승리라고 생각하고 있다. 우리는 이제 떼이야르의 일반적인 견해를 염두에 두고 자연과 악의 문제에 관한 그의 사상을 간단히 살펴보기로 하자.

---

[4] "Le Christ Evoluteur" (1942), *Cahiers de la fondation Teilhard de Chardin*, 5, *Le Christ Evoluteur, Socialisation et Religion*, 24-6.

악의 문제

전통적 토마스 철학에서는 악은 유의 결핍 또는 비유非有, 즉 "피조물이 가져야 할 유를 가지지 못하는 것"이라고 본다. 한편 떼이야르는 악을 피조물의 불완전성, 즉 더 고차적인 통일을 향해 진화하는 피조물의 구조상 불완전성으로 본다. 중세의 철학자들이 주장하던 정적 우주관으로써는 아무래도 "왜 세상에 악이 있는가?"라는 질문, 즉 악의 문제에 대해 사실상 만족할 만한 대답을 할 수 없었다. 악은 비유라는 말로 서술될 수 있었지만 실상 올바른 표현이라고는 할 수 없었다. 그러나 이제 우주의 진화를 고려함으로써 어느 정도 악의 문제도 설명할 수 있게 되었다. 진화 과정에 있는 우주를 두고 말할 것 같으면 "무생물계, 생물계, 의식계를 총망라하여 더 고차적 구조를 향하여 진화하는 다수의 사물에 무질서와 조직상의 결핍이 있는 것은 통계적으로도 어쩔 수 없는 일이다".[5] 진화에 있어서 모든 사물의 구조와 질서는 실패와 부조화를 거듭거듭 겪는 대가로 발전하는 것이다. 악은 우주가 진화할 때 생기는 불가피한 부산물, 즉 제2차적인 결과다. 이것이 악의 문제에 관한 떼이야르의 일반적이고도 추상적인 견해다. 이제 떼이야르의 이러한 견해를 좀더 자세히 살펴봄으로써 구속신학과 관련된 악의 의미를 고찰해 보자.

제4장에서 보았거니와 신의 창조행위는 점차적 통일 과정으로 보는 것이 가장 좋다. 창조는 통일이다. 떼이야르는 창조를 "다수가 점차 하나로 통일되는 것"이라고 본다. 그리고 신의 창조행위는 수렴하는 우주(더 높은 통일의 상태를 거쳐 만물이 그리스도와 결합

---

[5] "Du cosmos à la cosmogénèse" (1951): *OE* 7, 268.

할 때까지 플레로마의 완성을 향해 차츰차츰 전진하는 우주)의 진화를 통해 나타난다. 창조가 무한 다양에서 시작하여 줄곧 그리스도 안에서 완성될 최종적 종합을 향해 "증대하는 조직의 축"을 따라 진행하는 긴 통일 과정이라면 악의 문제는 현실적인 문제가 될 수 없다는 것이 떼이야르의 견해다.[6] 창조주가 우주를 기성품으로 만들어놓았다고 생각한 고대 우주관에 따르면 부분적으로 불완전한 세계와 선하고 전능한 신이 조화하기 어려운 것은 당연하다. 그러나 우주가 진화 과정, 즉 생성 도중에 있다고 생각하면 이것은 문제가 되지 않는다. 신이 우주창조에 오직 한 가지 방법(진보적 통일)만을 택할 수 있는 것은 전능하지 못해서가 아니라 무한 다양이라 생각할 수 있는 "공허 자체"의 구조 때문이다. 신은 우주의 요소들을 점차 자신에게로 끌어당기되 다양에서 나오는 무작위의 조합을 이용하고 이 요소들을 차츰 정돈하여 더 큰 통일을 이룬다. 이러한 요소는 처음에는 숫적으로 거의 무한하고, 질적으로는 매우 단조롭고 무시해도 좋을 만큼 미미한 의식을 가진다. 그러나 그후에는 비록 소수이긴 하나 더 조직적인 단위들이 점차 나타난다. 마지막에 인간적 의식을 지닌 복잡한 존재, 즉 인간이 출현한다. 이 진화 과정에서는 한번 성공하기 위해 상당한 실패와 낭비를 면할 도리가 없다. 무생물의 경우에는 이 낭비로 인해 분해 작용이라는 부조화 현상이 나타난다. 그러나 생물계의 경우 이 낭비에서 고통과 죽음이 온다. 또 윤리적 질서, 즉 인간의 자유가 행사되는 영역에서는 이 낭비와 실패는 죄로 나타난다. 그 어떤 과정에 속하거나 형성 도중에 있는 질서라면 모두 어떤 혼란(무질서)을 내포하고 있다. 낭비, 실패, 무질서가 불가피하다는 떼이야르의 사상에는 역시 창조주의 전능이 시사되어 있다. 왜냐하면 미조직의 상태에 있는 다양(아직

---

[6] "Comment je vois" (1948) 19.

구성되지 않았으나 앞으로 구성될 무한의 가능성을 지닌 창조적 공허)은 요행수에 의해서만 더욱 고차적인 통일을 향해 정돈되기 때문에 진화 과정에는 실패와 무질서가 필연적으로 따르게 마련이다. 간단히 말해서 악은 통계적인 필연성에서 생기게 마련이다.[7]

위의 설명은 악에 관한 일반적인 해설이다. 여기서 악이라 함은 물리악(모든 종류의 무질서, 실패, 고통 및 죽음)과 윤리악, 즉 죄를 말한다. 다양이 통일되어 하나가 되는 과정에서 필연적으로 악이 발생하는 이유는, 악은 아직도 완전히 구성되지 못한 상태인 다양을 의미하기 때문이다. 악은 결코 예기하지 못한 우연의 사건이 아니다. "악은 신이 창조를 결행할 때 생기는 독소毒素와 암영暗影이다."[8] 피조물이 어느 단계에 속하든 우주의 필연적인 진화적 구조 때문에 악은 다양이 하나로 통일되는 과정에서는 가차없이 생기게 마련이다.[9] "우주에 악이 넘치는 것은 우연적 현상이 아니라 우주의 구조 자체에서 생기는 필연적 현상이다." "진화하는 우주에 수고와 죄와 고통이 있는 것은 불가피한 일이다."[10]

악은 창조에 수반되는 필연적인 부산물이다. 신이 고통이나 위험이나 파손이 없는 안이한 세계를 창조할 수 있다는 생각은 단순히 관념적 환상에 불과하다. 떼이야르는 신이 악을 거슬러 싸우지 않고도 피조물과 결합할 수 있다는 생각은 모순이라고 말한다. 신은 사각형인 원을 만들 수 없다. 신은 악을 행할 수 없다. 이와 같은 불변의 법칙은 물리적으로도 타당하다.[11]

떼이야르의 견해에 의하면 악은 근본적으로 무질서와 실패요 그 어느 피조물에서나 찾아볼 수 있는 현상이다. "통계적으로 볼 때 어떤 단계의 진화에서도 악은 언제나 어디서나 인간의 내부와 외부에

---

[7] 동상 19-20.
[8] "Christologie et évolution" (1933) 7.
[9] *PM* 312.
[10] *PM* 313.
[11] "Note sur les modes de l'action divine dans l'univers" (1920) 10-1.

서 사정없이 생기고 있다."[12] 이제 우리는 떼이야르가 매우 신중하게 다룬 두 가지 종류의 악, 즉 고통과 죽음을 포함하는 "분해의 악"과 죄(윤리악)에 관하여 간단히 고찰해 보자.

악의 형태는 고통이다. 고통은 우주의 구조 자체로 보아 불가피한 현상이고 따라서 "생성법칙"의 주요 부분이다.[13] 아직 완전히 구성되지 못한 존재는 미완성된 부분과 분열의 가능성으로 인해 필연적으로 손상된다.[14] 인간의 경우가 그렇고 우주의 경우도 그렇다.

> 우리는 꽃다발의 꽃이 홈이 있고 손상된 것을 볼 수 있다. 그것은 한 송이씩 꺾어서 인위적으로 배열해 놓은 것이기 때문이다. 또 한편 자신의 성장을 막는 내적 악조건과, 기후와 같은 외적인 악조건을 거슬러 버텨온 나무는 으레 가지가 꺾이고 잎이 찢기며 꽃송이가 마르고 시들어버린다. 이것은 나무 자체가 성장함에 있어 다소 어려운 조건에 부딪치고 있음을 나타내는 것이다.

떼이야르는 진화하는 세계를 방금 말한 나무에 비유하고 있다. 그는 또 이 비유를 바꾸어 세계의 진보를 전쟁에 비하기도 한다.

> 바로 지금도 계속되고 있는 정복행위 … 우리는 출생하자 곧 전투에 참여한다. 우리는 우주적인 노력이 성공하기 위하여 모든 악을 거슬러 싸우는 전투자요 동시에 전장戰場으로서 고통을 받지 않을 수 없다. 우리가 경험적인 견지에서 고찰할 때 세계는 무엇인가를 찾아 헤매는 거대한 암중모색이고, 위험을 무릅쓰고 나아가는 거대한 기상氣像이며, 또한 무엇을 취하려는 거대한 공격이기도 하다. 그러므로 세계는 수많은 실패와 손상을 거듭거듭 맛보는 쓰라린 대가로

---

[12] *PM* 312.　　　　　[13] "La foi qui opère" (1918): *Ecrits* 324.
[14] "Esquisse d'un univers personnel" (1936): *OE* 6, 106.

악에 대한 승리　153

진보하는 것이다. 수난자들은 — 이들이 어떤 부류에 속하든지 — 이 엄숙하고 숭고한 조건을 채우고 있다. 그들은 쓸모없고 자질구레한 것들은 그만두고, 진전과 승리를 위해 상당한 대가를 지불하고 있다. 그들은 마침내 명예롭게 전장에서 쓰러진다.[15]

고통에서 뚜렷이 드러나는 "분해의 악"은 죽음에서 가장 심각하고 무서운 모습으로 나타난다. 죽음을 단순히 죽음으로만, 또 전혀 자연적 견지에서만 고찰하면 그것은 일종의 스캔들이고 파멸일 뿐 아니라 "최대의 약점이고 최대의 해악"이다.[16] "죽음은 우주의 모든 악의 총화며 극치다. 그것은 바로 악 자체다."[17] 인간의 모든 악은 만인에게 공통적인 현상으로서 인간이 원하든 원하지 않든 누구나 태어나서 살아야 한다. 그리고 모든 악은 죽음이라는 동일하고 불가피한 중심으로 집중된다. 생명체의 경우에서 보는 것처럼 "인간이 두려워하는 것의 총화와 모든 두려움의 근원이 바로 죽음이다. 죽음은 인간이 날 때 이미 지닌 것이고, 따라서 일생 동안 인간을 위협하고 지배하는 불가피한 운명이다".[18] 죽음은 진화하는 우주의 엄연한 법칙으로서 "문門의 혈통에 따라 세대를 교체하는 데는 반드시 필요한 조건이다".[19] 죽음과 고통을 포함한 대부분의 악을 설명하는 떼이야르의 사상은 독창적일 뿐 아니라 매우 만족스러운 것이기도 하다. 그러나 진화하는 세계에서는 악이 통계적 필연성에 따라 생긴다는 떼이야르의 개괄적 해석은 윤리악(죄)의 경우에도 그대로 적용된다. 그렇다면 떼이야르는 어떻게 물리악을 고찰하는 것과 같은 방법으로 죄를 고찰할 수 있는가? 또 떼이야르가 죄를 통계적 필연성으로 고찰한다면 인간의 자유를 부인하게 되지 않겠는가?

---

[15] "La signification et la valeur constructrice de la souffrance" (1933): *OE* 6, 63.
[16] "Mon univers" (1924): *OE* 9, 91. [17] *DM* 82.
[18] "La foi qui opère" (1918): *Ecrits* 312-3. [19] *PM* 312.

죄

떼이야르의 저작에는 어디에도 죄의 신학이 없을 뿐 아니라 죄의 신학의 일면이나마 충분히 다룬 곳은 없다. 떼이야르가 관심을 가진 신학적 문제는 그리스도-오메가를 지향하는 우주의 진화 문제였다. 그러므로 그는 죄를 고찰하되 그리스도를 지향하는 우주적 진화와 관련시키고, 따라서 죄의 신학 역시 이러한 관점에서 고찰하는 것이 당연하였다. 우리는 떼이야르의 저작에서 죄를 어떤 주관적·심리적 현상으로나 주관적·실존적 행위로나 또는 신의 사랑에 대한 인격적·주관적인 거부행위로 고찰하면 안된다. 이러한 개념들은 떼이야르의 일차적 관심사가 아니다. 떼이야르의 중요한 관심사는 우주의 진화 문제와 그것이 인간과 그리스도교에 주는 의미 문제다. 떼이야르가 생각하는 죄는 결코 비인격적이거나 "별 흥미가 없는" 개념이 아니라, 우주의 진화와 관련시켜 고찰한 개념이다. 따라서 죄는 신의 사랑에 대한 개별적·주관적 거부행위가 아니라, 반성의식이 있는 인간(진화의 일부분)에게 고유한 악이라고 고찰할 때 비로소 떼이야르의 죄 개념은 올바른 것이다. 떼이야르는 거의 언제나 죄를 악과 관련시켜 일반적으로 창조 과정의 필연적 부산물로 고찰하고 있다. 떼이야르의 우주관에 의하면 죄(악)는 "다양(비통일)의 의식 상태"로 볼 수 있는 무질서다. 죄는 언제나 더욱 큰 통일을 향해 진화하는 우주에서 다양(비통일)으로 되돌아감, 즉 통일의 정도가 낮은 상태로 하강함을 뜻한다.[20] 여기서 말하는 통일과 다양은, 물론 죄가 물질계에 영향을 미치고 어떤 결과를 남기기는

---

[20] "La lutte contre la multitude" (1917): *Ecrits* 120-2.

하나 주로 정신적인 현상이다. 죄는 통일을 피하려는 고의적인 의지의 운동이다. 그것은 바로 윤리적 의식이 미치는 곳에 나타나는 악이다. "악은 오직 하나뿐이다. 그것은 바로 분열(비통일)이다. 죄가 정신계에 미칠 때 그것은 윤리악이 된다."[21] 객관적인 윤리악은 비통일(분열)과 무질서다. 떼이야르가 죄는 불가피한 현상이고 통일 과정에 있는 우주에서는 통계적으로 보더라도 필연적인 현상이라고 말하는 것도 바로 이때문이다. "악은 물질계(무생물계)에서는 물리적 부조화, 즉 분열로, 생물계에서는 재난으로, 또 자유의지가 작용하는 영역(인간)에서는 죄로 나타난다. 즉, 생성 과정에 있는 질서에는 어느 것에나 무질서가 포함되어 있다."[22]

죄는 자유로 범하는 것이고 동시에 다양이 통일(단일)을 향해 나아가는 과정에서는 어쩔 수 없이 생기는 소위 통계적 필연성이라고 쉽게 말할 수 있다.[23] 죄의 불가피성(즉, 필연성)은 어떤 특정한 시간에 어느 개인에게 적용되는 것이 아니라 인간 집단에게 적용된다. 인간 집단에 있어서 인간은 선이나 악을 선택할 자유가 있고, 이에 따라 다수의 인간 중 적어도 일부분은 잠정적이나마 선보다 악을 택할 것이므로 죄를 범하는 것이다. 이러한 상황은 일국의 대통령 선거에 비유될 수도 있다. 대통령 선거에서 적어도 소수의 투표자들은 "갑"이라는 입후보자 대신 "을"이라는 입후보자에게 투표하는 것은 통계적으로 불가피한 일이다. 그렇지만 각 투표자는 자기가 마음먹은 입후보자에게 자유롭게 투표한다. 현대사회학에서 이용하고 있는 대부분의 통계학적 방법은 다수의 집단이 자유롭게 선택할 수 있는 문제에까지 통계적 필연성이 적용된다는 사실에 근거를 두고 있다. 떼이야르에 의하면 죄는 분열과 무질서를 자유롭게 선택하는 행위다. 죄는 인간의 행위 하나하나를 놓고 볼 때 자유

---

[21] "Mon univers" (1924): *OE* 9, 109. 각주 2.
[22] "Comment je vois" (1948) 20.　　　　　　　　　　[23] *PM* 312.

로운 것이지만 고차적인 조직과 통일을 향해 점차적으로 — 그것도 암중모색하면서 — 전진하는 전인류에게는 통계적으로 불가피한 현상이다. 그러나 죄가 통계적으로 필연적인 현상이라 하여 강제성을 띠거나 인간의 자유를 최소한으로 줄이지는 않는다.

"그리스도교 교리는 그 자체가 과대하게 — 조정 요인들이 균형을 잡아주지 않았기 때문에 — 발전했고 유죄有罪와 정죄定罪 개념이 이상 비대異常肥大 점에까지 발전했다는 것이 떼이야르의 견해다."[24] 떼이야르는 그리스도교 교리의 부정적인 면, 특히 인간의 범죄성과 영원한 지옥벌에 관한 지나친 역설을 못마땅하게 생각했다. 그렇긴 하나 그의 저작을 살펴보면 그는 인간에게 선이나 악을 선택할 자유의지가 있음과 이 자유의지의 중요성을 강조할 뿐 아니라, 인간은 자신의 행위에 대한 책임이 있음과 그 책임의 중요성을 아울러 강조하고 있다. 진화하는 세계, 즉 악이 창조적 결합의 필연적 결과로 발생하는 세계에서는 천국을 인정할 때 자연히 필연적 결론으로 지옥도 추론되고[25] 또 영원한 정죄의 신비에 우주적인 장엄이 숨어 있다. 이제 인간의 자유와 지옥에 관한 떼이야르의 사상을 간단히 살펴봄으로써 죄 개념을 이해하는 데 도움이 되고자 한다.

우주의 진화는 자유를 감소하기는커녕 오히려 증대한다. "정신은 자연(본성)이 오랜 수고 끝에 추구하여 얻은 종국이다. 모든 생명체 (즉, 활동하는 모든 존재)는 시초부터 더욱 큰 자유와 힘과 진리를 향유하려 한다."[26] 인간은 스스로 진화를 의식하고 이에 따라 진화 과정은 언제나 인간 안에서 더욱 충만한 자유를 얻기 위해 진행된다. 진정한 세계 진화는 인간의 의식과 인간의 의식적 결합 안에서 진행된다. 따라서 가장 중요한 진화력은 맹목적인 생물학적 힘이

---

[24] "L'évolution de la chasteté" (1934) 2.
[25] "La vie cosmique" (1916): *Ecrits* 58.
[26] "Le milieu mystique" (1917): *Ecrits* 156-7.

아니라 심리학적 및 윤리적 힘이다.[27]

　인간 안에서 계속되고 있는 진화는 증대하는 복잡화 의식의 축을 따르고, 증대하는 인간의 반성의식은 필연적으로 선·악을 선택하는 인간의 자유를 증대시킨다. 인간의 자유는 어디서나 행사될 수 있고 또 더 큰 통일을 지향하는 인류의 진화에 의해 어디서나 증대하고 있다.[28]

　이 진화는 더욱 큰 정신화를 지향하고 이에 따라 그만큼 더 큰 자유를 지향한다. 사회화로 인하여 자유가 증대하는 것은 결합으로 인하여 특수화되기 때문이다. 즉, 인간은 타인과 결합함으로써 더욱더 인간적이 되고 따라서 더욱 자유로워진다. 인류의 진화 과정에서 인간의 자유가 증대함에 따라 인간의 책임도 증대한다. 인류는 더욱 복잡한 사회에서 더욱 견고하게 결속되듯 — 즉, 인간의 진화가 계속 수렴하듯 — 인간의 책임도 인간의 자유와 함께 증대한다. 이 책임, 즉 윤리적 의무는 단순히 법적인 것이 아니라 진화하는 인간사회의 본질적 성격에 근거하고 있다. 결국 사회의 의식, 자유 및 책임이 점차 증대함에 따라 필연적으로 악도 증대한다. 만일 악이 양적으로 증대하지 않는다면 적어도 강도상(強度上)으로 증대한다.[29] 악, 그리고 인간의 자유가 작용하는 영역에서는 죄가 통일을 위한 진화의 필연적 현상, 즉 진화의 일부분이다. 형성 도중에 있는 질서에는 그 무엇에나 무질서가 포함되어 있고, 특히 점차 완성되고 있는 인류의 통일에는 필연적으로 윤리적 무질서, 즉 죄가 내포되어 있다. 떼이야르는 더욱 큰 통일을 향하는 인류의 진화에 따라서 반역의 유혹도 커진다고 말한다. 인간은 오메가를 향하여 성실하게 전진할 것인가 그렇지 못할 것인가를 논할 때, 또 선과 악을

---

[27] "Mon univers" (1924): *OE* 9, 76-7.

[28] "The Formation of the Noosphere" (1947): *FM* 182-3.

[29] "L'évolution de la responsabilité" (1950): *OE* 7, 211-21.

선택할 때 악(죄)에 더욱 마음이 끌리게 된다.

인간의 행동에서 이와 같은 선택의 위기는 언제나 당하는 것이다. 우리는 이것을 순간적 사실에나 또 인류의 기원에만 국한할 수 없음을 잘 알고 있다. 지성을 타고난 인간은 언제나 이 지성과 함께 반역의 유혹도 변화되고 증대하게 마련이다. 그러므로 오늘날만큼 반역의 유혹이 심각하고 보편적인 때는 일찍이 없었다.[30]

지옥과 영벌의 신비에 관한 떼이야르의 고찰에 따르면, 죄를 인간의 자유가 작용하는 영역에서의 분열(비통일)로 보는 그의 사상은 더욱 명료해진다.

> 지옥의 존재는 십자가의 존재와 함께 가장 많은 비판을 받고 마음을 동요시키는 그리스도교 신조의 하나다. 그러나 그 본질을 살펴보면 이것만큼 우주관과 일치하는 교리도 없다. 인간의 경험이 미치는 한계 내의 모든 진화에는 도태와 낭비가 따른다. 그러므로 우리는 전 진화 과정을 통하여 이러한 처지를 실제로 면할 여유를 두지 않고는 신 안에서의 세계 통일을 상상할 수 없다.

떼이야르는 가톨릭 교리가 만민이 모두 구원되리라고는 말하지 않는다고 언급하고 있다. 지옥의 교리에 따르면 어떤 이들은 영원히 멸망하여 신의 정반대편에 떨어진다고 가르친다. 지옥이란 신의 정반대편에 있는 극, 즉 천국의 반대다.[31]

> 신국의 역사는 바로 재결합의 역사다. 선택된 자는 예수 그리스도와 합체함으로써 신의 전 영역을 형성한다. 그러나 여기서 "뽑히다"라는 말은 그야말로 선택을 의미한다. 우리가 만일 그리스도의 우

---

[30] "Hominization" (1925): *VP* 75.

[31] "Introduction à la vie chrétienne" (1944) 8.

주적 활동을 단순히 인력引力과 축복의 중심으로 생각한다면 그것은 철저한 그리스도교적 관점에서 고찰된 것이 아니다. 그리스도가 분리하고 판단하는 분임은 바로 그가 결합하는 분이기 때문이다. 복음에는 좋은 씨앗, 양, 인자人子의 우편, 혼인잔치와 켜진 등불 등의 이야기가 있다. 그러나 역시 가라지, 염소, 심판자의 좌편, 닫힌 문, 바깥 어두운 곳 등의 이야기가 있고, 또한 사랑으로 결합하는 불의 반대편에 홀로 떼어놓은 멸망의 불도 있다. 새 세계를 점차적으로 형성하는 전 과정은 분리를 밑바탕으로 삼고 있는 집합이다.[32]

최후의 선택은 반역 아니면 경배고, 반역을 택하는 자들은 모든 실제적 조직과 통일의 궁극적 중심에서 영원히 떨어져 나갈 것이다.[33] 끝까지 그리스도-오메가와 결합하기를 거부하는 자들은 버림받아, 의식적이고도 영원히 분리되고 다양의 상태에 떨어질 것이다.[34] 떼이야르의 견해에 따르면 지옥은 두려운 것이다. 그러나 "우주의 구성 요소"로서 실재 전체에 억양, 엄숙성, 차이성 및 심오성을 더해 준다. "세계의 부정적 극"인 지옥의 존재를 깨달으면 만민을 불러모아 자신에게 결합시키려는 그리스도의 열성도 더 잘 이해할 수 있다. "절정까지의 높이는 그 아래의 심연에서부터 재어야 한다."[35]

우리는 악에 관한 떼이야르 사상의 중요한 부분 중 하나를 아직 살펴보지 못하였다. 그것은 원죄에 관한 그의 신학적 가설이다. 그는 다른 신학자들보다 여러 해 앞서 현대의 사조를 고찰하고 원죄에 관한 정통신학을 체계적으로 설명하였다. 그는 이러한 체계적 설명이 그리스도의 세계 구속을 합당하고 조리있게 이해하는 데 극히 필요하다고 생각하였다.

---

[32] *DM*, 146-7.

[33] "A Note on Progress" (1920): *FM* 19; "Panthéisme et Christianisme" (1923) 12.

[34] "Mon univers" (1924): *OE* 9, 113.   [35] *DM* 148.

원죄와 그리스도교의 견해

떼이야르는 1947년에 원죄에 관한 견해를 가장 완벽하게 제시한 논문 「원죄에 관한 고찰」을 썼는데 쟁쟁한 신학자들이 이것을 읽고 많이 비판하였다.[36] 그는 이 논문에서 자신이 원죄론을 쓰게 된 이유부터 말하고 있다. 그는 그리스도가 우주의 주인공이라는 그리스도교의 견해를 옹호하려 할 뿐 아니라, 진화하는 우주 안에서의 인간의 위치를 결코 과소평가할 수 없다고 확신하려 하였다.

우선 우주의 주인인 그리스도의 능력은 특히 구속의 능력이다.

> 그리스도는 언제나 만물의 머리로 이해해야 한다. 그리스도의 주권과 능력이 미치는 범위는 바로 구속이 미치는 범위다. 이것을 의심할 이는 없다. 그런데 역사적 우주 발생을 현대적 관점에서 보되 원죄를 제3기(지질학상 신생대 전기)말에 지구 한 모퉁이에서 일어난 어떤 우연사偶然事인 양 소규모로 생각한다면 그리스도론의 견지에서 볼 때는 어떻게 될까? 이 경우 그리스도의 능력은 인간을 둘러싸고 있는 우주의 짧고 좁은 축을 직접 유기적 및 형식적으로 능가하지 못할 것은 분명하다. 명목상으로 또 법적으로 볼 때 물론 그리스도는 신적 위엄을 떨쳐 우주의 잔여 부분도 다스리는 주인이 될 수 있다. 그러나 실제적 의미 그대로, 즉 성 바울로의 견해대로, 그리스도는 "자신 안에서 만물이 결합하는 분"은 될 수 없을 것이다. 그러므로 우리는 타락의 현상을 고찰하되 그것이 고립된 사실이 아니라 역사 전반에 영향을 미치는 일반적 조건으로 생각해야 마땅할 것이다.[37]

---

[36] "Réflexions sur le péché originel" (1947).   [37] 동상 3.

떼이야르는 초기에 쓴 여러 논문에서도 이렇게 말하고 있다. "전세계는 타락하여 부패하였고 따라서 구속의 대상이 전세계라는 사실은 성서와 교회 정신으로 보더라도 명백하다."[38] 그리스도가 구속자라는 교회의 견해를 옹호하면서 원죄를 우주적 규모로 고찰할 필요가 있다. 그렇지 않으면 그리스도는 오직 세계의 일부분만을 구원한 분으로 이해될 뿐, 만물의 중심으로는 이해될 수 없을 것이다.[39]

더군다나 원죄의 교리를 평범하게 이해할 때 그리스도교적 노력이 지니는 현세적 가치는 크게 하락하고 현세적 사물은 대수롭지 않게 보이며, 이에 따라 인간의 진보를 증진할 그리스도교적 책임도 과소평가되기 쉽다고 떼이야르는 생각하고 있다. 우선 원죄의 교리가 현대의 일반적인 우주관과 어떻게 조화할 수 있는가는 확실하지 않다. 교리가 본질적으로 세계관의 영향을 받는다고는 말할 수 없지만 현대의 그리스도교적 세계관을 그대로 보존하려면 신학은 원죄의 교리와 인간의 우주관이 어떻게 합치되느냐를 설명할 필요가 있다. 오늘날까지 줄곧 변함없이 설명되어 내려온 원죄의 교리는 그리스도교 사상의 발전에 큰 장애물이 되고 있다. "원조의 타락에 관한 이야기는 매우 인간적이고 또 인간화하고 있는 그리스도교적 세계관 확립에 지장을 초래하고 있다."[40]

떼이야르가 진실로 의도하는 것은 과학과 종교의 화해가 아니라 원죄의 교리와 전반적인 그리스도교적 세계관(현세의 중요성, 현세에 있어서의 그리스도교적 책임의 중요성을 과소평가하지 않는 그러한 세계관)을 종합하는 것이다. 원죄의 교리는 통일된 그리스도교적 관점에서 고찰되지 않는 한 그리스도교적 수덕修德원리를 왜곡하기 쉽다. 떼이야르는 1916년에 처음으로 원죄에 관해 논할 때 원

---

[38] "Chute, rédemption, et géocentricité" (1920) 2.

[39] "Note sur quelques représentations historiques du péché originel" (1924) 8.

[40] "Réflexions sur le péché originel" (1947) 1.

죄의 의미를 더욱 깊이 고찰함으로써 건전한 그리스도교적 고통관의 신학적 근거를 확립해야 한다고 지적하고 있다. "전통적인 견해에 따르면 고통은 무엇보다 먼저 벌이고 보상이다. 고통은 바로 희생을 뜻한다. 그러므로 죄를 범하면 고통으로 그것을 보상해야 한다. 자제하고 자신을 정복하고 자신을 자유롭게 하려면 고통을 받는 것이 좋다." 그러나 떼이야르의 견해에 따르면 "고통은 무엇보다 먼저 발전에 수반되는 결과와 대가다. 고통은 바로 노력이고 … 따라서 십자가는 보상의 상징이라기보다는 수고로운 진화활동의 상징이다". 그렇다면 이 두 가지 견해를 어떻게 조화시킬 것인가?

원죄신학을 재고하면 원조의 타락으로 인간은 "이마에 땀을 흘리는" 수고와 진보라는 타고난 구조를 지니게 되었다.[41] 노력과 수고의 적극적 면을 강조함으로써 소극적인 보상과 배상을 강조하는 견해를 견제해야 한다. 떼이야르는 또 1933년에「그리스도론과 진화」라는 논문에서 원죄에 대한 그 당시의 이해로 빚어진 소극적 견해("어느 모로 보나 종교의 정상적인 발전을 막는 견해")를 부정하고 있다. 일반적으로 고찰되고 있는 원죄관은 "우리의 사상과 정서를 짓누르고 우리를 결박하여 약화시킨다".[42] 그는 또 1954년의 어느 편지에서 다음과 같이 쓰고 있다.

> 그리스도교는 마니교의 사상과 플라톤 사상의 잔재를 버리고 원죄를 타락이라는 관점에서가 아니라 진보라는 관점에서 고찰할 때 비로소 전통적인 원죄론이 끼친 악영향을 보충할 수 있다. 그러므로 그리스도교 신자들은 우주 발생이 타락하여 부패한 것은 신의 계획 밖의 일이고 따라서 전체적으로 고찰할 때 그것은 하나의 우연이므로 여기에 직접 관여할 필요가 없다는 사상을 버려야 한다.[43]

---

[41] "La vie cosmique" (1916): *Ecrits* 60-1.　[42] "Christologie et évolution" (1933) 3-4.
[43] 1953년 6월 19일자로 Mme. Jean Carlhian에게 보낸 편지.

원죄에 관한 떼이야르의 견해

그러면 떼이야르가 주장한 "원죄에 관한 신학적 가설"은 무엇이며 또 그것은 전통적 견해와 어떻게 다른가? 원죄의 교리는 으레 원죄의 상태가 시간적으로 전후관계를 가진 역사적 사건처럼 설명되고 있다. 그러나 떼이야르는 중대한 신학적 이유를 감안하여 원죄는 우리가 알고 있는 것처럼 전우주에 영향을 미치는 초역사적 질서의 어떤 실재로 고찰해야 하지 않겠느냐고 말한다. 그런데 원죄의 특수한 결과는 죽음이다. 그러나 경험계에서는 이 죽음을 어디서나 볼 수 있다. 죽음은 원자의 세계에서도 분해의 형태로 나타난다. 만일 세계에 원죄가 있다면 그것은 어디에나, 또 시초부터 있어야 한다. 더군다나 이 원죄의 보편성은 그리스도론에서 가장 정통적인 견해로 인정되는 것으로 보아도 확증되고 있다.[44]

그러면 떼이야르는 이 원죄의 보편성을 어떻게 생각하고 있는가? 그는 신이 창조의 소재로 삼은 공허, 즉 전무全無를 무한 다양으로 생각하고 신의 창조활동을 점차적인 정돈과 통일 과정으로 이해하여 이를 하나의 가설로 삼고 있다. 우주의 역사는 하나의 원추에 비유할 수 있다. 이 원추의 밑바탕을 무한 다양으로, 정점을 그리스도 안에서의 만물의 통일로 생각할 수 있다. 수렴점을 향해 진화하는 우주 안에서 악(물리악과 더불어 윤리악)은 우리가 이미 고찰한 것처럼 통계적인 필연성이다. 그리고 원죄는 우주에 필연적으로 악이 존재함을, 즉 악이 우주적인 조건임을 뜻하는 말이다. 그러므로 떼이야르는 원죄를 진화하는 우주의 소극적·필연적 구성 요소, 즉

---

[44] "Réflexions sur le péché originel" (1947) 2-3.

점차적으로 수렴하고 있는 우주의 보편 조건으로 생각하고 있다.

떼이야르의 견해에 따르면 원죄는 하나의 단독적인 행위가 아니라는 것이다. 그것은 바로 인류의 상황인 동시에 전우주의 상황이다. 떼이야르는 이와같이 관점이 달라져도 원죄론의 교리적 성격이 결코 감퇴되지 않고 오히려 강화된다고 말한다. 첫째, 구속은 만물의 보편적인 상황을 치유하는 것이므로 실로 보편적(우주적)인 것으로 생각된다. 둘째, 세례의 의미가 더욱 분명해진다. 세상에 태어나는 사람은 누구나 인류 공동체와의 연대성에 의하여 모든 죄가 미치는 악영향을 받고 또 통계적으로 보더라도 불가피한 인류의 범죄로 인하여 죄에 물들지 않을 수 없다. "그러므로 인간의 죄를 깨끗이 씻어버려야 한다."[45] 떼이야르는 인간이 비록 미약한 의식으로 최초의 죄를 범하긴 했으나 새로 태어나는 인류에게 최대의 악영향을 미치므로 모든 인류에게 매우 유해한 것이라고 덧붙이고 있다. 사회집단에서나 가계家系에서 범해진 죄는 그 구성원에게 특히 해독을 끼친다.

떼이야르의 견해에 따르면 원죄는 시간과 공간의 제약을 받지 않는다. 원죄는 일련의 역사적 사건 중 하나가 아니다. 그것은 세계적인 진화의 양상이다. 이러한 관점에 따라 원죄를 우주적인 바탕에서 고찰할 때 — 즉, 원조가 범한 하나의 역사적 행위로 보지 않고 — 원죄 개념은 기계론적 창조 개념에 흡수되기 쉽다. 창조를 진화적 통일로 고찰하면 "원죄는 역진화逆進化라는 부정적인 힘의 작용이다".[46] 이것은 떼이야르의 가설에 있어서 원죄가 인류에게 영향을 미치는 한, 그것을 더욱 제한된 의미로 고찰할 수 없다는 뜻이 아니다. 떼이야르의 가설이 허용하는 테두리 안에서 다음과 같은 견해를 인정하기란 어렵지 않다. 즉, "세계창조의 양식에 의거하여 우주

---

[45] "Réflexions sur le péché originel" (1947) 8.
[46] "Le Christ Evoluteur" (1942)의 부록.

에 내재하는 악"은 "최초의 책임 인간"이 출현할 때에 특별히 지상에서 개별화된다는 견해다. "이것이야말로 엄밀한 의미에서 신학자들의 원죄론이 될 것이다."[47]

떼이야르는 인류가 한 사람의 원조에서 기원했다는 일원조설mono-genism을 구태여 부인하기 위해 자신의 원죄론을 제시한 것은 아니다. 그런데 그가 말한 것처럼 우리가 그의 가설을 인정한다면 구태여 궤변을 부려서까지 인류 일원조설을 주장하지 않아도 된다.[48] 왜냐하면 그의 설에 의하면 아담은 보편화된 인간이기 때문이다. "엄밀히 말하면 아담은 실제 인간이 아니다. 오직 아담이라는 이름 아래 역전逆轉 또는 타락이라는 확고부동의 보편법칙이 숨어 있을 뿐이다." 악은 "진보의 대가로 물어야 할 속량전이다".[49] 떼이야르의 견해에 따르면 아담은 만인이 나면서부터 타락했고 인류의 일원이 되는 순간 이미 원죄로 물들었음을 상징함이다. 그러나 인간이 죄중에 태어나는 것은 원조 아담의 원죄 때문은 아니다. 인간이 원죄를 가지고 태어나는 것은 우주의 법칙이고 진화하는 세계의 우주적 상황이다.

여기서는 원죄에 관한 떼이야르의 신학적 가설을 공박하려는 것도 옹호하려는 것도 아니다. 원죄론은 악과 구속에 관한 떼이야르 사상의 일부분인 동시에 그의 전 종교사상에서도 매우 중요한 요소가 되므로 여기서 잠시 고찰한 것뿐이다.[50] 그러나 떼이야르의 원죄론이 처음으로 제기된 때보다 오늘날에 와서 별로 놀랍게 여기지 않는 것이 가톨릭의 성서 주석이나 교리신학의 경향이다. 성서학에서는 인간의 타락을 강조하다가 이제 세계의 죄, 즉 만민의 죄의 연

---

[47] "Quelques vues générales sur l'essence du Christianisme" (1939) 2.
[48] 동상.   [49] "Chute, rédemption, et géocentricité" (1920) 3.
[50] 원죄에 관한 떼이야르의 가설은 전문 신학자들도 고찰하고 연구해 볼 가치가 있다. 떼이야르의 창조신학 및 구속신학의 밑바탕이 될 만큼 중요하기 때문이다.

대성을 강조하고 있다. 그리고 현대의 많은 성서 주석에서는 원조 타락의 이야기를 원조 개인의 이야기로 알아듣지 않고, 죄가 인류의 보편적인 현상임을 설명하는 일종의 비유로 알아듣는다. 일반적으로 원조의 타락을 특수 사건으로 한정하는 경향이 줄어들고 차차 죄의 보편적 상황(이러한 상황은 만민에게 공통될 뿐 아니라 각 개인의 개별적인 죄로 조장되고 유지되며 계속적인 영향을 받는다)을 표현하는 것으로 보는 경향이 있다. 이를테면 스호넨베르흐 신부는 원조가 최초로 범죄했고 인류는 모두 하나의 조상에서 태어났다는 창세기의 주장을 의심하고 있다. 그는 다음과 같이 말하고 있다.

> 창세기에서 아담은 우선 비특정 인간, 즉 모든 인간을 두고 말한다. 또 로마서 5장에서 보는 바와같이 아담이 비록 역사적 인물로 묘사되어 있더라도 아담 이후에 범한 죄와 아담의 죄를 통틀어 그리스도의 구속행위에 관련시켜 논하고 있다. 사도 요한도 아담의 죄에 관해서는 언급하지 않고 그리스도가 세상의 죄를 없이한다고만 말하고 있다(요한 1,29). 원죄의 결과로 빚어진 상황을 개인의 단독적인 죄가 아니라 전세계의 죄와 관련시켜 설명할 수도 있지 않겠는가? 이런 경우 원죄가 언제, 어디서 범해진 것인가는 중요한 문제가 아니고, 따라서 계시도 최초의 인간이 어느 정도의 자아의식과 자유를 가졌는지를 말해주지 않는다고 할 수 있다.[51]

공의회의 관점에 따르더라도 원조가 일정한 시간에 범한 최초의 죄가 각 개인에게 고유한 영향을 미친다는 것을 부인할 수 있지 않는가? "이렇게 된다면 최초의 죄를 범한 정확한 시간에 관해 알려고 하거나 최초의 인간이 신과 어떤 관계를 맺었던가를 확언할 필요가

---

[51] P. Schoonenberg, S.J., *God's World in the Making*, 82-3.

없다."[52] 더구나 오늘날의 신학자들은 원죄를 구속의 관점에서 고찰하고 있다.

> 어떤 이들은 구속이라는 중요한 사실에 유의하지 않고 — 즉, 구속 자체(죽었다가 부활한 그리스도)로부터 출발하지 않고 — 인간적 범례(세계를 지배하는 긍정적인 질서를 밝히기 전에 세계의 부정적인 면만 설명하려는 역설적 태도)에서 출발하여 역사를 종합하려 했다. 그러나 인간의 역사가 거룩한 역사라고 계시가 밝혀줄 때 모든 축이 죄로 향해 수렴한다고 인정함은 방법상 오류가 아니겠는가? 이것이야말로 성서가 제시하는 계시관에 전혀 반대되지 않는가?[53]

현대의 신학자들은 원죄를 그리스도의 몸의 충만을 지향하는 인간의 진화와 관련시켜 고찰하려 한다. 그러므로 원죄는 과거의 어떤 사건이라기보다는 세계의 보편적 방향 상실이라고 역설한다.[54] 원죄에 관한 현대신학의 연구가 아무리 진보한다 하더라도 그것은 어디까지나 성령의 인도를 받는 교회 안에서만 가능한 진보일 것이다. 그러므로 어떤 학설이나 연구도 교회의 가르침과 지도를 참작해야 할 것이다. 원죄에 관한 교회의 해설이 앞으로 발전하더라도 그것이 떼이야르의 신학적 가설과 어느 정도 일치할 것인가를 정확히는 알 수 없다.[55]

---

[52] 동상 83.

[53] C. Dumont, S.J., "La prédication du péché originel": *Nouvelle revue theologique* 83 (1961) 117.

[54] P. Smulders, S.J.(A. Gibson 역), *The Design of Teilhard de Chardin*, 162-88.

[55] 어떤 원죄론도 가톨릭 교리, 특히 트렌트 공의회의 교의에 어긋날 수는 없다. 떼이야르는 여러 공의회, 특히 트렌트 공의회의 가르침을 잘 알고 있었고, 따라서 그는 공의회의 가르침을 옹호하려 하였다.

구 속

그리스도의 죽음은 하나의 역사적 사건이나 악의 결과나 또는 단순히 그리스도 신자들이 본받아야 할 모범적 행위만은 아니다. 그것은 "극히 심오한 다양 속에 완전히 몰입된 신적 결합"을 의미한다. 그리스도는 어떤 완곡하고 간접적인 길을 통해 세상에 온다고는 생각할 수 없다. 그리스도는 우주의 소재를 자신에게로 들어올리기 위하여 먼저 그 소재 속에 잠입해야 하였다. "그리스도는 우주의 소재 속에 자신을 주입시켰으므로 자연히 정신의 성장과 무관할 수 없고, 이에 따라 현실세계와 깊은 관계를 맺고 있다. 이리하여 그리스도가 우주와 관계를 끊을 때 우주의 토대가 흔들리게 된다."[56] 그리스도가 우선 우주 안에 내재하지 않으면 우주의 "출구"도 우주의 "충만점"도 될 수 없다. 또 자신이 경험계에 몰입한다는 것은 악이 불가피한 세계에서 고통을 받음을 뜻한다. 그리스도가 오메가가 되려면 세계 안에 몰입하고 내재해야 하고 이에 따라 내재의 대가로 고통과 죽음을 당해야 한다.[57]

우리는 신의 우주창조, 강생 및 인류 구속의지가 절대적으로 자유로운 것이라 생각한다. 그러나 신의 창조 계획 및 구원의 계획은 완전할 뿐 아니라 그 계획의 각 부분은 서로 유기적으로 또 완벽하게 관련되어 있다. 결국 경험계의 관점에서나 신의 계시를 통해 고찰하거나, 신의 계획은 각 요소가 상호간에 연관되어 있기 때문에 어떤 필연성을 지닌 것같이 보인다. 강생과 구속은 서로 유기적인 관계가 있는 신의 전 창조 계획의 일부이기 때문에 떼이야르의 우

---

[56] "Mon univers" (1924): *OE* 9, 89.
[57] "Du cosmos à la cosmogénèse" (1951): *OE* 7, 270-3.

주관에서 창조, 강생, 구속의 여러 신비를 이해하려면 먼저 이들 상호간에 본질적인 관계가 있음을 알아야 한다. 신은 완전한 자유의지로 구속활동을 하지만 "신이 강생을 통하여 세계에 잠입하지 않는 그러한 창조나 구속적 보상이 없는 강생은 이해할 수 없다".[58]

왜냐하면 인간은 신의 계획의 일부분이고 이에 따라 신의 계획을 오직 "내면에서" 보기 때문에 구속적 강생은 필연적으로 창조 과정과 결부된 것처럼 보인다. 떼이야르가 논쟁거리로 삼은 것은 결코 신의 자유에 관한 문제가 아니라, 구속과 강생을 인위적으로 분리하거나 이 양자를 창조적 과정에서 분리하여 고찰하는 개념상의 다원론이다. 떼이야르의 견해는 바로 구원사가 창조에서 시작된다는 신구약 성서의 견해다. 그는 사도 바울로처럼 그리스도의 구속은 인간만을 위한 것이 아니라 전우주를 위한 것이라고 말하고 있다.[59] 진화하는 우주에서는 악이, 통계적으로 불가피한 것이기 때문에 그리스도의 만물 통일활동에는 필연적으로 구속의 고통이 따르게 마련이다. 그리스도의 세계 구속활동은 힘드는 작업, 즉 고통이 따르는 작업이다. 왜냐하면 그것은 세계의 죄악을 보상(좀 해득하기 어려운 떼이야르의 표현을 빌리자면 "통계상 무질서의 보상")하기 때문이다.[60] 떼이야르는 또 그리스도의 구속활동에는 창조적 고통이 따른다고 말하고 있다. "이 창조적 고통이란 언제나 다양(비통일, 즉 분열)으로 퇴보하려는 분여된 유(피조물)의 경향(존재의 타성)에 맞서 통일을 이루려는 특수 노력이다."[61]

악에 대한 보상, 세계의 무질서에 대한 보상은 그리스도의 구속활동의 소극적 국면이다. 그러나 떼이야르는 바로 이것이야말로 구

---

[58] "Comment je vois" (1948) 20-1.

[59] S. Lyonnet, S.J., "The Redemption of the Universe": *Contemporary New Testament Studies*, 423-36.

[60] "Comment je vois" (1948) 20.   [61] 동상.

속의 적극적 국면, 즉 무질서한 세계의 통일을 이루기 위한 특수 노력이라고 매우 강조하고 있다. "예수는 실로 세계의 죄를 담당하는 분이다. 윤리악은 신비롭게도 고통을 받음으로 보상된다. 그러나 더욱 근본적인 관점에서 고찰하면 예수는 정신적 향상을 저지하는 힘, 다시 말해서 물질 속에 잠재한 저항력을 자신 안에서 또 만민을 위하여 구조적으로 압도하는 분이다."[62] 비록 우주의 전체적 구성에 관한 떼이야르의 견해(현상론적인 동시에 신학적인 견해)가 1930년 이후까지도 뚜렷한 방향을 취하지 못했지만, 구속을 통일의 관점에서 본 것은 최초부터였다.[63]

또 떼이야르는 일찍부터 그리스도의 구속활동이 "우주적"임을 이해할 필요가 있다고 생각하였다.[64] 떼이야르도 주지하는 바와같이 그리스도의 구속활동이 우주적 통일 작업이라는 사상은 쉽게 이해될 수 없다. 우선 이러한 사상에는 지구를 우주의 중심으로 생각하는 고지식한 개념이 들어 있는 것 같다. 인간이 생존할 수 있을지 모르는 무수한 유성들 중 하필 이 조그마한 지구를 고된 우주 구원 활동의 장소로 택한 것은 구속자 편에서 볼 때 임의적인 선택인가? 떼이야르는 이러이러한 난점에 부딪쳐 그것을 해결하지 못한 채 그리스도가 만물의 통일자라는 원리를 힘있게 주장하고 있다. 그런데 "그리스도는 모든 것이 아니면 무다"[65]라는 근본적인 전제가 있다. 구속자 그리스도는 아울러 통일자 그리스도이므로 인류의 실제적 결합 및 연대성의 근원은 아담이 아니라 그리스도다.[66]

그러므로 떼이야르는 그리스도의 구속활동의 창조적·통일적 면

---

[62] "Christologie et évolution" (1933) 8.
[63] "La lutte contre la multitude" (1917): *Ecrits* 124.
[64] "Note sur le Christ universel" (1920): *OE* 9, 41.
[65] "Chute, rédemption, et géocentricité" (1920) 5.
[66] 동상 3-4; "Mon univers" (1924): *OE* 9, 109.

을 강조하고 있다. 떼이야르는 「그리스도론과 진화」(1933)에서 "구속이 뜻하는 완벽하고 궁극적인 의미는 보상만이 아니라 수고와 정복이다"[67]라고 말하고 있다. 또 그는 1944년과 1945년에 걸쳐 다음과 같이 언급하고 있다. "그리스도교 신자는 고통받는 그리스도(쉬지 않고 줄곧 세계의 짐을 짊어지는 분)야말로 사실상 진화하는 세계를 짊어지고 버티어 나가는 분이라 생각하고 있다."[68] "그리스도는 세계의 죄와 더불어 진화하는 전우주의 짐을 지고 있는 분이다."[69] 그리스도는 자신의 수난과 십자가로 세계의 죄악을 친히 담당하고 속죄함으로써 죄를 보상하였다. 이것은 구속의 소극적인 면이다. 그러나 구속을 진화하는 세계와 관련시켜 고찰할 때 적극적인 면이 두드러지게 나타난다. 구속의 이 적극적 면모는 만물을 자신과 결합시키는 그리스도의 구속활동이다.

창조, 강생, 구속을 우주의 생성 상태, 즉 수렴하는 진화 과정과 관련시켜 보면 이 삼자는 충만화(그리스도 안에서 만물이 점차적으로 통일되어 마침내 플레로마의 충만을 이룸)라는 단일 과정이 세 가지 보완적인 면으로 나타난 것뿐이다. 창조적 통일로 볼 수 있는 창조라는 말은 창조주가 창조활동에 깊이 관여하고 있음을 의미한다. 창조적 과정에서는 악이 제2차적·통계적 결과로서 필연적으로 나타나게 마련이므로 창조주의 구속적 보상이 암시되어 있다. 떼이야르의 사상 구조에 따르면 창조, 강생, 구속은 거대한 단일 신비의 구성 요소들이다. "창조, 강생, 구속은 사실상 시간적·공간적으로 국한된 사건이 아니라 바로 우주의 차원들이다."[70]

---

[67] "Christologie et évolution" (1933) 8.
[68] "Introduction à la vie chrétienne" (1944) 8.
[69] "Christianisme et évolution" (1945) 6.
[70] 동상 8; "Réflexions sur le péché originel" (1947) 6-7; "Comment je vois" (1948) 20-1.

십자가: 실재와 상징

역사적 사실인 그리스도의 수난과 죽음의 우주적 의미에 관한 떼이야르의 견해를 알려면 십자가의 의미를 이해하면 된다. 떼이야르의 구원관과 구속의 의미는 「신의 영역」에서 인용된, 짧지만 내용은 풍부한 다음 몇 구절로 요약될 수 있다.

> 요컨대 십자가상의 예수는 창조된 정신을 차츰차츰 들어올려 신의 깊은 영역으로 이끌어가는 거대한 수고의 상징인 동시에 실재다. 그리스도는 창조를 나타내고 또 참된 의미에서 그가 바로 창조다. 여기서 창조라고 함은 신의 힘으로 지지되고, 때로는 사물에 의지하여 매달리고, 때로는 사물을 초월하기 위하여 그것들을 떠나지만 윤리적 타락의 결과인 퇴보를 육체적 고통으로 보상함으로써 존재의 비탈길을 되올라가는 그러한 창조다.[71]

그리스도의 십자가상 수난과 죽음은 단순히 개인의 수난과 죽음만이 아닐 뿐더러 단순한 속죄만도 아니다. 그리스도의 죽음은 창조력의 발동이다. "십자가에 죽은 그리스도는 버림받은 자도 패배자도 아니다. 이와 반대로 그는 우주적 진화 과정의 무거운 짐을 지고 신을 향해 나아가는 분이다."[72] "십자가는 우주의 모든 짐(타성의 짐)과 자연적인 생명력을 함께 들어올리는 그리스도의 상징과 그리스도의 실제적 활동(비록 속죄행위지만 역시 힘드는 정복의 여정)이다." 우리는 그리스도의 십자가상 죽음을 통하여 "창조는 수고를

---

[71] *DM* 104.

[72] "La signification et la valeur constructrice de la souffrance" (1933): *OE* 6, 65-6.

요하는 노력"[73]임을 깨닫게 된다.

　십자가는 결코 비애, 극한 및 억압의 상징이 아니다. 그것은 수고스럽고 고된 창조적 통일활동의 상징이다. 그리스도교는 인간이 십자가의 어두운 그늘 속에 살지 말고 불같이 뜨거운 십자가의 열정 속에 잠겨 살라고 가르친다.[74] 인간은 일생 동안 "십자가의 실존적 구조"라고 부를 수 있는 상황 속에 머물고 있다. 우리는 이미 세례로 그리스도와 함께 부활하였고, 그리스도의 수난과 죽음이 그리스도 자신의 부활과 분리될 수 없는 것처럼 우리의 현세생활도 우리 자신의 부활을 지향한다는 것이 사실이다. 그러나 그리스도교 신자는 현세에서 십자가의 구조 안에 머물러 있다. 오직 후세에서라야 그리스도 부활의 실존적 구조 안에 머물게 된다. 그러므로 십자가는 그리스도의 구속활동만을 상징할 뿐 아니라 그리스도 신자의 생활을 상징하기도 한다. 십자가 위에서 죽은 그리스도 안에서 "각자는 자신의 실상을 찾아야 한다. … 그리고 우리가 현세에서 처하고 있는 상황은 바로 십자가에 달려 있는 것임을 깨달아야 한다".[75] 그리스도교의 기원과 본질은 십자가로 표상된다. 그러므로 그리스도교는 언제나 더욱 활기있게 십자가의 의미 그대로 행동할 때 자신의 본질을 보존할 수 있다.

　그러면 십자가는 무엇을 뜻하는가? 십자가가 그리스도교의 상징으로서, 또 특히 그리스도교 신자생활의 상징으로서 뜻하는 바가 무엇인가? 떼이야르가 죽기 몇 년 전, 그는 로마에 있는 자기 장상들에게 현대의 상황에서 그리스도를 어떻게 이해할 것이며 또 그리스도를 어떻게 표현해야 할 것인가에 관해 자신의 견해를 표명한 바 있다. 그는 자기의 장상들에게 보낸 짧은 논문에서 "우리는 오늘

---

[73] "Quelques vues générales sur l'essence du Christianisme" (1939) 2.

[74] *DM* 102; "Christologie et évolution" (1933) 8.

[75] "La vie cosmique" (1916): *Ecrits* 56.

날 십자가의 의미를 어떻게 서술해야 가장 옳을까?"라는 질문에 대한 대답 형식으로 자신의 사상을 전개하고 있다.[76]

오늘날 신심서적이나 설교에서뿐 아니라 신학교 교과서에 이르기까지 십자가는 무엇보다 보상과 속죄의 상징이라는 식으로 매우 평범하게 표현되고 있다. 이와같이 십자가의 의미를 상징적으로 이해할 때 십자가는 잘못된 심리적 태도의 전체적 구조를 전달하고 표현하는 도구밖에 되지 않는다. 예를 들면 세계는 악과 죽음의 지배를 받는 것 같고, 인간의 본성은 타락하고 비뚤어져 믿을 수 없이 생각되고, 무엇이나 물질적인 것은 마니교의 사고방식처럼 대수롭지 않게 보인다. 이러한 태도가 다행히 그리스도의 수난에 대한 사랑을 불러일으키기는 한다. 그러나 이러한 사랑은 앞을 향하지 않고 거의 위로만 향하고 건설적 활동보다는 오히려 괴로운 극기와 초탈로 만족하려 한다. 떼이야르는 이러한 태도는 단연코 버려야 한다고 말한다. "십자가는 도피의 상징이 아니라 전진의 상징이 되어야 한다. 십자가는 죄를 정화함으로써 빛날 것이 아니라 인간의 활동을 고무함으로써 빛나야 한다."[77] 비단 현대 정신만이 아니라 가장 전통적인 그리스도교 정신도 이러한 변화를 요구하고 있다.

떼이야르의 구속신학에 따르면 그리스도는 세상의 죄만 짊어지는 분이 아니라 진화하는 전우주를 통째로 짊어지는 분이다. 이리하여 떼이야르는 십자가를 보상과 속죄의 상징만이 아니라 구속적 세계 통일의 상징, 다시 말해서 그리스도-오메가를 향하는 세계 진화의 상징으로 생각한다. 십자가는 희생과 보상이라는 상향 요소上向要素와 고된 노력으로 얻게 되는 진보라는 전진 요소의 종합이다. 떼이야르가 공경하는 십자가는 그리스도교의 신심에서 전통적으로 말해온

---

[76] 논문의 표제는 "Ce que le monde attend en ce moment de l'Eglise de Dieu: une généralisation et un approfondissement du sense de la croix" (1952).

[77] 동상 4.

십자가와 같은 것이지만 그보다는 더욱 진지한 것이다. 십자가는 죄에 대한 승리의 상징만이 아니라 "'진화가 개성화하는 도중에 있는 우주'의 완전하고 역동적인 상징이기도 하다".[78]

떼이야르의 저작을 살펴보면 십자가를 진정한 발전의 상징으로 보는 관념이 일관되어 있다. 상징적 의미는 그리스도의 구속활동에 뿐 아니라 그리스도 신자의 구속활동 참여에도 적용된다. 그리스도의 수난과 죽음은 그리스도 신자의 모델만이 아니라 그리스도를 향한 인간의 세계 건설활동을 의미있고 효과있게 해주는 그리스도의 구속행위다. 십자가는 인간이 속죄의 방법으로 짊어질 고통의 상징만은 아니다. "그것은 오히려 그리스도를 향해 전진하는 인간의 고된 창조활동의 상징이다."[79] "십자가는 단순히 어둡고 퇴영적인 우주의 면모만을 상징하지 않고 무엇보다 정복적이고도 밝은 면모를 상징한다. 십자가는 고된 노력으로만 얻을 수 있는 진보와 승리의 상징이다."[80]

우리는 십자가가 우리에게 손짓하는 저 안개 자욱한 정상을 바라보며 우주 진화의 좁은 길을 따라 올라가고 있다. 십자가의 왕도王道는 초자연적으로 곧게 뻗친 인간 노력의 길이다. 우리가 십자가의 의미를 충분히 깨닫는다면 결코 인생을 슬프고 귀찮은 것으로 생각지 않을 것이다. 우리는 오직 이해할 만한 삶의 존엄성에 더욱 마음이 쏠릴 것이다.[81]

---

[78] 동상 5.   [79] "Intégration de l'homme dans l'univers" (1930) 13.

[80] "Introduction à la vie chrétienne" (1944) 8.

[81] DM 103-4; "The New Spirit" (1942): FM 95.

그리스도교적인 노력

세계 구원에 관한 떼이야르 드 샤르댕의 견해에 따르면 그리스도의 십자가상 구속활동에는 두 가지 면이 있다. 죄에 대한 보상과 속죄가 그 일면이고, 창조적 통일활동이 또 다른 일면이다. 그리스도는 수난과 죽음을 통하여 죄의 짐뿐 아니라 플레로마의 완성(그리스도 안에서의 최종적인 만물의 통일)을 향해 진화하는 세계의 짐을 지고 있다. 떼이야르는 그리스도의 구속활동을 죄에 대한 보상뿐 아니라 주로 세계 통일을 위한 고된 활동으로 보고 있다.

그리스도 신자는 그리스도의 구속활동, 즉 죄에 대한 보상행위와 그리스도 안에서의 세계 통일활동에 참여한다. 떼이야르의 종교적 세계관에 의하면 그리스도 신자의 영성생활은 그리스도의 구속활동의 두 가지 양상에 상응하는 두 가지 보충적인 활동으로 이루어진다고 볼 수 있다. 이 두 가지 활동이란 현세 초탈과 현세 정복이다. 정복과 초탈은 현세에서, 또 현세를 통하여 신과 결합하려는 두 가지 근본적 경향 또는 양식이다. 떼이야르는 그리스도교적 노력의 영성靈性에 관하여 자신의 견해를 요약하여 완전한 그리스도교적 노력은 아래의 세 가지 요소로 구성된다고 말하고 있다.

① 우리는 성실과 순종에 의할 뿐 아니라 실현된 업적에 의하여 다소 플레로마의 가까운 소재를 준비함으로써 플레로마의 완성을 위해 노력한다는 확신을 가지고 인간의 활동에 열렬히 협력할 것.

② 이 고된 노역을 겪으면서 점차적으로 확대되어 가는 이상理想을 추구하여 우선 자아를 포기하고 편협하고 나태한 이기주의를 극복할 것.

③ 생명의 충만과 아울러 생의 공허hollownesses, 즉 생의 수동성과 "섭리적인 감퇴"the providential diminishments를 소중히 여길 것. 왜냐하면 이로써 그리스도는 인간이 당신을 위해 발전시키고자 한 요소와 인격들을 당신 자신의 것으로 직접 탁월하게 변경하기 때문이다.[1]

이제 그리스도 신자의 현세적 노력에 관한 떼이야르의 사상을 본장에서 대강 살펴보기로 하자.

---

[1] *DM* 93-4에 인용된 편지.

정복의 윤리

떼이야르는 인간의 탐구와 세계의 자유로운 정신력을 꼴갖추어 주는 것이 바로 종교의 직분이라고 강조하고 있다. 현대의 진보상황을 감안할 때 인류는 단 하나의 종교만을 받아들일 수 있다. 그것은 바로 어떤 궁극적 세계 통일을 위한 건설활동의 형태를 지닌 역동적이고도 미래지향적인 종교다. 인간은 "정복의 종교"를 찾고 있다.[2]

우리는 이미 제4장에서 인간의 노력과 활동은 신의 창조활동에 협력하는 것이고, 따라서 그리스도의 충만에 기여하는 것이라는 떼이야르의 견해를 살펴보았다. 떼이야르는 세계가 창조 도중에 있고 이러한 계속적 창조는 플레로마를 지향한다고 생각하고 있다. 인간은 창조 과정에 참여하고 세계 건설활동을 함으로써 창조에 기여하고 있다. 그러므로 인간의 노력이야말로 현세 발전의 중요한 요인이다. 그런데 세계의 운동과 진보는 "그리스도를 향해 수렴하는 거대한 통일운동이므로"[3] 이 세계는 그리스도 안에서 창조되고 향상된다. 인간은 자신의 업적과 활동으로 다소간 플레로마의 가장 가까운 소재를 준비함으로써 "그리스도의 충만을 향해 건설한다".[4] 왜냐하면 "물질적 성장은 모두 정신을 지향하고 정신적 성장은 모두 그리스도를 지향하기 때문이다".[5] 그러므로 그리스도 신자는 현세에서 현세적 활동, 업적 및 진보에 참여할 처지에 있다. 그리스도 신자는 세속사에 충실할 권리와 아울러 의무가 있고 또 세계 진보를

---

[2] "Le Christianisme dans le monde" (1933): *OE* 9, 137.
[3] "Mon univers" (1918): *Ecrits* 276.
[4] 1919년 12월 12일자 편지: *Archives* 140.
[5] "Mon univers" (1924): *OE* 9, 96.

위한 활동에 앞장서야 한다. 떼이야르는, 인간의 노력은 성스럽고 따라서 그 자체로 종교적 가치가 있다는 견해 위에 "정복의 윤리"[6]라고 부르는 이론을 개괄적으로 세우고 있다.

떼이야르의 초기 저작들에서는 이 정복의 윤리가 그렇게 발견되지 않는다.

> 자신과 이 지구로부터 이 지구가 줄 수 있는 것이면 무엇이나 끌어내는 것이 인간의 근본적 의무라고 생각합니다. 신이 인간의 자연적 인식과 능력을 어느 정도로 제한하고 있는지 알 수 없는 이상 — 아마도 한계점에 도달하려면 아직 까마득하겠지만 — 이 의무는 더욱 긴급합니다. 극도로 성장하여 자신을 완성함, 이것이야말로 존재에 내재하는 법칙입니다. 신은 우리에게 더 거룩한 생명을 누리도록 허용하시지만 창조활동 — 자연적인 영역에 있어서까지 — 을 추구할 의무는 면제하셨다고 생각하지 않습니다. 세계를 더욱 훌륭하게 지배하고 이해하려 하지 않고 세계를 그대로 방임하는 것은 신을 시험하는 것인 줄 압니다. 우리는 죽음과 고통을 감소시키기 위해 최선을 다해야 합니다. 또 진리를 더욱 깊이 고찰함으로써 계시된 교리의 뜻을 발전시켜야 합니다.[7]

떼이야르는 이미 1919년에 쓴 논문에도 정복의 윤리에 관하여 간단히 언급하고 있다. 떼이야르는 옛 계명 다음으로 중요한 "새로운 종류의 의무"에 관하여 말하고 있다. 근대까지 그리스도교 윤리는 그 대부분이 개인주의 윤리, 다시 말해서 개인간의 행위와 관계를 규정한 윤리였다. "이제부터 우리는 분명히 집단과 세계에 대한 인간의 의무, 즉 정치적 의무, 사회적 의무, 국제적 의무 등을 많이 참작해야 한다. 이러한 의무들 중 으뜸가는 것은 활동과 탐구의 법칙이다."[8]

[6] 프랑스어는 morale de conquête.   [7] 1916년 9월 8일자 편지: *MM* 126.
[8] "Note pour l'évangélisation des temps nouveaux" (1919): *Ecrits* 378-9.

떼이야르는 1924년에 정복의 윤리를 다소 체계적으로 설명했다.[9] 인간이 신 앞에 충실하려면 자기발전과 세계정복을 첫째 의무로 삼아야 한다. 떼이야르는 개인발전과 세계정복을 통일의 과정으로 생각하고 있다. 미조직의 무질서한 다양을 통일하는 최초의 추진력은 바로 그리스도-오메가다. 이 그리스도-오메가는 만물을 (그들 안에서 그들 상호간에 또 그리스도 자신과) 결합하려고 끌어당기고 앞과 위에서 다양을 통일한다. 이 근본적인 그리스도-오메가의 인력은 인간 안에서 통일과 자기발전의 의무 및 의지, 또 세계 통일과 정복의 의무 및 의지로 나타난다. 그러나 인간의 의무는 신의 뜻에 형식적으로 순종하는 것만은 아니다. 법적인 정신유형에 따르면 활동하여 세계를 발전시켜야 할 인간의 의무는 — 다소간 신의 자의적 명령에 의하여 — 창조주께 드릴 외적 순종이라고 생각된다. 그리스도 신자들 중 어떤 이들은 인간이 단순히 자신의 선의를 표시하기 위해 활동하는 것같이 생각하고 따라서 그 활동의 구체적 결과는 중요하지 않고 "오직 보잘것없는 일을 함으로써 순종을 증거해 보인 것으로만 생각하는 것 같다".[10] 떼이야르는 설득력이 없고 빈약한 이 견해를 반박하고 있다. "그리스도가 오메가라면 그리스도의 우주적 신체의 물리적 건설과 무관한 것은 아무것도 없다. … 아무리 비천하고 보잘것없는 행위라도 그것이 통일을 지향하는 것이라면 결국 그리스도를 위한 것이다."[11] 인간의 활동이 세계 건설에 기여하고 또 현실적이고 구체적인 인간의 노력의 결과로 인하여 세계가 플레로마의 완성에 가까워진다면, 그리스도 신자는 매우 신중하게 행동함으로써 세계가 차츰차츰 그리스도의 충만에 가까워지게 해야 한다. 그리스도 신자는 비신자보다 한층 더 모든 면에서 인간의 노력(특히 인류의 보편의식을 직접적으로 증대하는 인간의 노

---

[9] "Mon univers" (1924): *OE* 9, 94-7.   [10] *OE* 9, 96.   [11] *OE* 9, 96.

력)을 고무해야 한다. 그리스도 신자는 인간의 진보를 위하여 그리스도교적 희망을 지니고 대담하게 전진해야 한다. 자신을 발전시키고 세계를 건설해야 할 그리스도 신자의 의무를 강조하는 떼이야르의 견해는 「신의 영역」에서도 엿볼 수 있다. 그리스도 신자는 신의 의지에 순종해야 하고 이러한 성실성을 현실적으로 표현해야 한다.

> 그리스도 신자는 누구나 자신의 가장 본연적인 분야에서 시작하여 지상의 모든 요소 중 얼마쯤 들어 있는 활동, 곧 하나의 사업을 충실히 건설해야 한다. 그는 매일같이 일상생활을 통해 자신의 영혼을 만들어내고 동시에 개인적 성공의 전망을 억제하면서도 그것을 무한히 초월하는 다른 작업, 다른 사업(세계의 완성)에 협력한다.[12]

그리스도 신자는 인간의 모든 영역에서 신의 왕국을 확장해야 한다. 왜냐하면 그리스도 신자는 신앙의 관점에서 보더라도 "현세사에 헌신할 권리와 의무가 있기 때문이다".[13] 그리스도 신자는 자신의 노력이 무한히 신장될 것으로 생각하기 때문에 누구 못지않게, 아니 그 누구 이상으로 "모든 장벽에 부딪쳐보고, 모든 길을 시험해보고, 모든 심연을 측정해 보아야 한다. 신은 바로 이것을 원하고 또 이것이 필요하다고 생각했다".[14]

떼이야르의 정복의 윤리는 역동적인 윤리로서 그가 이른바 이때까지의 정적인 평형의 윤리를 능가한다. "결국 세계는 윤리적 힘에 의하여 건설된다. 달리 말하면 윤리는 세계 건설의 기능을 가지고 있다. 이것은 새로운 윤리관이고 이러한 관점에 따라 새로운 윤리의 프로그램이 마련된다."[15] 과거에는 윤리적 기준이 주로 개인과 사회를 보호하는 데 있었다고 떼이야르는 말한다. 윤리는 주로 권

---

[12] *DM* 60-1.   [13] *DM* 69.   [14] *DM* 70.
[15] "Le phénomène spirituel" (1937): *OE* 6, 131.

리와 의무에 관한 고정된 규제, 즉 개인간의 정적인 평형을 확립하고 유지하기 위한 규제라고 생각해 왔다. 그러므로 이러한 윤리는 우선 활력을 제한하고 힘을 억제함으로써 실현될 수 있었다. 이 윤리에서는 각 개인이 자신의 자율성을 보호할 필요성을 일종의 절대 개념으로 인정한다. 그러나 인간을 진화하는 우주의 한 요소(지금도 형성 도중에 있는 더 높은 집단의식 안에서 완성될 한 요소)로 생각한다면 인간의 윤리 규약도 재고해야 한다. 이제 현실적으로 문제가 되는 것은 개인의 보호와 개인의 권리 옹호가 아니라, 개인의 인격 완성을 도모하여 인간집단 속에 잠재한 개인의 역량을 최대한으로 풀어놓는 일이다. 미래의 윤리는 개인, 사회 및 세계의 발전을 최대로 도모하는 윤리다. 따라서 이제부터 윤리는 보호에 중점을 두지 말고 발전에 중점을 두어야 한다. 이제까지 윤리학자는 일종의 법률가였으나 이제는 "세계의 정신적 에너지를 관리하는 기사와 전문가가 되고 있다".[16]

떼이야르는 역동적인 새 윤리의 세 가지 일반원리를 제시하고, 이것을 하나씩 개요하고 있다. 첫째 원리는 "절대적 선은 정신의 성장을 지향하는 것뿐"[17]이라는 원리다. 이러한 원리에 따르면 정적인 평형의 윤리에서는 용납될 수 있었던 여러 가지 사실이 이제부터는 허용될 수 없을 것이다. 과거에는 인간이 타인의 권리를 침해하지 않는 한, 자신의 뜻대로 자신의 활력을 활용할 권리가 있었다. 그러나 이제 개인 활력이나 재능을 인류에게 봉사하기 위해 사용하지 않고 달리 사용한다면 윤리적으로 그릇된 것으로 간주된다. 상업윤리로 말하더라도 교환과 정의의 개념이 지배적인 것 같다. 역동적 윤리에 따르면 재화가 정신의 발전을 위해 사용될 경우에만 부富의 소유는 윤리적으로 정당시된다. 이제 결혼의 윤리는 행복한 가정을

---

[16] *OE* 6, 132.   [17] *OE* 6, 132.

꾸미는 것만으로는 완전히 실현될 수 없다. 결혼의 중요한 목적은 부부애에 정신력을 불어넣어 부부간의 원만한 발전을 도모하는 것이어야 한다. 이제 개인윤리는 타인에게 해를 끼치지 않는다는 소극적인 정도로 그칠 수는 없다. 개인윤리는 각 개인이 자신과 자신의 자유, 인격 및 소질을 최대한으로 발전시킬 의무를 지운다.

역동적 윤리의 둘째 원리는 "정신의 성장을 지향하는 것은 무엇이나 — 적어도 근본적으로나 그렇지 않으면 부분적으로나 — 선이다"[18]라는 원리다. 새로운 윤리에는 비겁이나 소심이 허용되지 않는다. 선이면 무엇이나, 또 상승력上昇力이 있는 것이면 무엇이나, 또 인간의 의식과 정신의 성장을 더욱 증대하는 것이면 무엇이나 그 가치가 인정되고 또 개발되어야 한다.

셋째 원리는 현세의 정신력을 최고도로 발전시키는 것이 궁극적 선[19]이라는 원리다. 융통성있는 역동적 윤리에 의하면 최고 보편의 법칙이란 만물을 최대의 의식 및 최대의 정신적 성장의 방향으로 발전시킴이다. "생명은 그 기원부터 암중모색적이고 모험적이어서 위험을 무릅쓰고 전진한다는 것을 모르는 이들에게는 이러한 견해가 전혀 부당하게 보이리라는 것도" 떼이야르는 잘 알고 있다. "그러나 이러한 견해는 불가항력의 사상처럼 새 세대의 심중에서 자라날 것이다."[20] 마지막으로 역동적인 새 윤리는 종교적·유신론적 윤리다. 평형의 윤리는 그 자체로 폐쇄되어 있어서 논리적으로 불가지론적이고 현재에만 몰두하는 윤리다. 이에 비해 "역동적 윤리는 신을 추구하여 필연적으로 미래에 관심을 쏟는다".[21] 떼이야르는 역동적인 새 윤리, 즉 정복의 윤리를 분석하는 마당에서 마지막으로 영성생활(그리스도교적 성성聖性의 프로그램과 현세 안에서 또 현세를 통해 실현될 신과의 일치에 관한 신비신학)을 전개하고 있다.

---

[18] *OE* 6, 132.   [19] *OE* 6, 133.   [20] *OE* 6, 134-5.   [21] *OE* 6, 135.

순결과 인격의 통일성

떼이야르는 그리스도 신자생활에서 세 가지 기본 덕행, 즉 순결, 사랑, 극기가 중요한 것이라고 자주 언급하고 또 강조하고 있다. 그는 이 세 가지 덕행을 그리스도교적으로 올바로 이해해야 한다고 매우 강조하고 있다. 정복의 윤리 및 정복의 영성생활에 있어서 순결, 사랑, 극기는 세 가지 기본 덕행이다. 이 세 가지 덕행은 통일의 덕행이다. 순결은 다양한 정신 능력을 하나로 만드는 데 특별한 효력이 있다. 그것이 바로 인격의 통일이다. 사랑은 인격 상호간의 통일을 지향한다. 마지막으로 그리스도교적 극기로 각자는 자신의 이기심을 버리고 그리스도께로 집중하게 된다. 즉, 극기는 전체를 하나로 통일하는 역할을 한다.[22] 더욱 정확하게 말한다면 그리스도교적 극기의 정신으로 실천된 순결과 사랑은 기능적으로 그리스도 안에서의 통일을 지향한다.[23] "자아포기와 극기는 순결의 밑바탕이고 더구나 사랑의 밑바탕이 된다."[24] 그러나 순결과 사랑은 결코 정적인 덕행은 아니다. 정복의 윤리 및 정복의 영성생활의 관점에서 고찰하면 이 두 덕행은 본질적으로 건설적 힘이 되고 있다. "순결, 사랑이라는 그리스도교적 덕행이 정적인 덕행으로 보일지 모른다. … 예수의 윤리는 왕성한 활력과 적극적인 의욕을 가지고 생명의 목표인 정상을 정복하려는 용감한 사람들에게는 비겁하고 무기력한 윤리같이 보일지 모른다. 그러나 실상 이 윤리만큼 건설적이고 진보적인 현세적 노력은 없다."[25] 그러면 이제 순결, 사랑, 초탈 및 자아포기에 관한 떼이야르의 견해는 좀더 자세히 살펴보기로 하자.

---

[22] "Science et Christ" (1921): *OE* 9, 60.   [23] "L'union créatrice" (1917): *Ecrits* 194.
[24] "La lutte contre la multitude" (1917): *Ecrits* 130.   [25] *Ecrits* 127.

순결은 특별히 그리스도 신자의 힘을 통일하는 특수작용을 한다. 이리하여 "그리스도 신자는 사물을 분해하는 다양한 인력 위에 높이 솟아 '불꽃 같은 신의 단순성 속에서' 자신의 영성생활을 성숙시켜 신과 결합할 수 있다".[26] 순결은 소극적 덕행이 아니라 힘을 통일하고 정신화하는 적극적인 덕행이다. 그것은 또한 개성화하는 덕행이다. 따라서 순결을 거스르는 죄는 실상 개성화하는 힘의 남용이다. 이러한 죄로 정신은 타락과 분열의 원리를 받아들이고 개인이 지닌 내적 결합의 잠재력이 부분적으로나마 손상된다.[27]

역동적인 그리스도교 윤리에 따르면 순결은 낭비의 반대다. 순결은 순화작용에 의한 통일과 보존이며 인간이 지닌 심오한 추진력의 진보적 정신화다. "순결은 정신을 긴밀하게 결합시킨다."[28] 떼이야르의 순결관에는 금욕적인 점이 보이지 않는다. 순결은 성(性)을 기피함에서 얻는 덕행이 아니라 "성의 상호인력 아래 숨겨진 심오한 정신력을 순화함으로써 얻을 수 있는 정복의 덕행이다".[29] 이때까지 순결은 주로 절제와 자신의 흠없는 보존을 의미해 왔다. 그러나 앞으로는 순결을 우선 "육신의 힘과 모든 욕정의 힘을 순화하는 것으로 이해해야 할 것이다".[30] 순결이 외관상으로는 소극적 덕행같이 보일지 모르나 실상은 그렇지 않다. "순결은 본질적으로 적극적인 덕행이다. 왜냐하면 순결의 덕을 통해 신은 우리와 또 우리의 감화를 받는 사람들에게 집중하기 때문이다."[31] 절제있는 결혼생활의 순결이나 독신생활의 순결은 사랑의 거부가 아니다. 순결은 오히려 사랑의 힘을 더욱 정화한다. 순결은 약한 것이 아니라 강한 것이고, 도피가 아니라 정복이며, 낭비나 분해가 아니라 내적 통일의 성장이다. 순결은

---

[26] "La lutte contre la multitude" (1917): *Ecrits* 126.
[27] "Esquisse d'un univers personnel" (1936): *OE* 6, 93.
[28] "Mon univers" (1924): *OE* 9, 99.   [29] "Le coeur de la matière" (1950) 34.
[30] "Christologie et évolution" (1933) 13.   [31] 1916년 12월 5일자 편지: *MM* 149.

사랑의 힘을 줄이지 않고 오히려 집중시키고 정신화한다.

떼이야르는 「신의 영역」에서 순결을 고찰할 때 "마음의 순결"까지 포함시켜 넓은 의미로 다룬다. 이제 떼이야르의 순결관을 좀 자세히 보자.

순결은 넓은 뜻으로 볼 때 단순히 과오가 없는 것(순결의 소극적인 면에 불과한)만도 아니고 정결(주목할 만한 순결의 특수 경우에 불과한)만도 아니다. 순결은 만물 안에서 또 만물 위에서 탐구된 신의 사랑이 인간의 생명 속에 불어넣어준 공정公正과 충동이다.

향락에 빠지고 이기심에 사로잡혀 신 안에서의 우주 통일을 지연시키고 분열시키는 요소를 자기 내부와 자기 주위에 이끌어들이는 자는 영적으로 불순하다.

이와 반대로 자신이 세계 안에 처한 위치에 서서 우주 만물을 완성하려는 그리스도의 숙원을 자신의 직접적이고 일시적인 이익보다 앞세우는 사람은 순수하다.

신의 부르심에 따라 언제나 현세의 물질적 영역(점차적으로 정신의 방향으로 발전하지만)에서 활동하거나 흔히 보는 일이지만 신이 점차적으로 현세의 다른 모든 자양물로 대치하는 지역에 접근하거나 여하튼 신에게 이끌리어 그리스도의 연속성, 강도 및 실제성이 증대하도록 움직여주고 자극하는 사람은 더욱더 순수하다.

이렇게 이해하면 존재의 순수성은 그 존재를 신적 중심으로 이끌어가는 인력의 강도로 측정된다. 이것을 달리 말한다면 존재와 중심과의 거리에 따라 측정된다. 그리스도교에서는 이러한 순수성이 정신집중, 묵상기도, 순결한 양심, 순결한 지향 및 성사聖事로서 보존된다고 가르친다. 이제 우리는 우리 주위에 신적인 것을 응집시키는 놀라운 힘을 찬양하며 만족하자.[32]

---

[32] *DM* 132-3.

진화의 기본 에너지인 사랑

초자연 계시와 또 경험계에서 이 계시가 지니는 의미에 관하여 계속 탐구한 떼이야르는 자기의 사상에서 사랑과 그리스도교의 애덕을 그 무엇보다도 더욱 두드러지게 논하고 있다. 1916년에 그는 "사랑의 계명"을 합리적으로 (어쨌든 넓은 의미에서 과학적으로) 옹호하기는 그리 쉽지 않다고 말하고 있다. 떼이야르는 그때까지 사랑에 관한 이론, 더구나 사랑의 신학은 논하지 않았다. 그리고 그는 "실제적 사실이 이론보다도 중요하다는 것과 또 우리는 그리스도의 말씀을 통해서 이웃을 자신처럼 사랑해야 한다는 것을 어느 정도 알 필요가 있다"고 부언하고 있다. "설명은 어떻든 상관이 없다."[33] 그는 1917년에도 사랑(애덕)은 결합하는 덕행이긴 하나 정적인 덕행이라고 말하고 있다.[34] 떼이야르는 초기 논문들에서 사랑은 "지성의 출현으로 자율과 개인주의의 위기를 맞게 된 세계에서 특별히 신의 뜻을 나타내는 거룩한 역할, 즉 인간과 인간을 결합시키는 역할"이라고 말한다.[35] 그는 또 1919년에 인간적 사랑에 관한 신학 및 인간적 사랑이 신의 사랑으로 변화함을 논하는 적당한 신학이 없다고 말하고 있다.[36]

사랑에 관한 떼이야르의 견해는 결국 「신의 영역」에서 형성되기 시작했다.

> 복음에서 매우 강조되고 있는 그리스도교적 사랑(애덕)은 예수 그리스도 안에서의 공동수렴에서 생기는 인간의 의식적 결합력에 불

---

[33] 1916년 8월 4일자 편지: *MM* 117.   [34] 1917년 2월 5일자 편지: *MM* 181.
[35] "L'union créatrice" (1917): *Ecrits* 194.
[36] "Note pour l'évangélisation des temps nouveaux" (1919): *Ecrits* 378.

과하다. 타인들이 그리스도를 향하여 움직이기 때문에 타인을 사랑하지 않고는 그리스도를 사랑할 수 없다. 또 그리스도께로 더욱 접근하지 않고서는 폭넓은 인간적 교제의 정신으로 타인을 사랑할 수 없다. 그러므로 일종의 결정론에 의하여 개별적 신의 영역은 각자의 자세에 따라 자동적으로 서로서로 융합하고, 이러한 결합에서 각자의 열성은 끝없이 증대한다. 이 불가피한 힘의 접합은 성인들의 내적 생활에서 만물(피조물 안에서 스스로 영생의 씨앗을 간직하고 있는 만물)에 대한 넘치는 사랑으로 나타난다.[37]

1930년에 들어서자 떼이야르는 비로소 그리스도교의 사랑을 역동적 힘이라고 생각하게 되었다. "이때까지 이웃 사랑이란 이웃에게 해를 끼치지 않고 이웃의 아픈 상처를 싸매어주는 것을 의미하였다. 그러나 앞으로의 사랑은 — 이웃에 대한 동정심은 그대로 인정하면서 — 전체의 진보를 위하여 생명을 바칠 때 비로소 완성될 것이다."[38] 이러한 개념도 아직은 석연하지 않지만 떼이야르는 1940년 이후에 비로소 그리스도교적 사랑에 관한 충분한 이론을 전개하고 있다. 우선 진화적인 관점에서 사랑에 관한 일반적인 견해를 고찰할 필요가 있다.

떼이야르는 1931년부터 10년간 사랑을 진화의 에너지로 보는 과학적 현상론의 수립에 몰두하였다. 그는 사랑이야말로 가장 강하고 보편적이며 아울러 가장 신비로운 우주의 에너지라고 말하고 있다. 사랑이라는 우주적 에너지는 본질상 우주 진화의 극점인 오메가가 우주의 각 요소를 끌어당기는 힘이다. 그것은 원초적이고 보편적인 심적 에너지다.[39] 이러한 우주적인 관점에 따르면 사랑은 우주의 모든 영역 어디에나 존재한다. 사랑의 가장 원초적인 형태는 분자력

---

[37] DM 144. [38] "Christologie et évolution" (1933) 13.
[39] "L'esprit de la terre" (1931): OE 6, 41.

과 구별하기 어렵다. 그러나 사랑이 진화 과정에 있어서는 거의 생산력과 동일시될 수 있다. 인간이 출현하자 사랑은 반성의식(정신)의 영역으로 들어왔다. 사랑은 에너지를 보유하고 있으므로 정신 진화의 활력소가 된다.[40]

떼이야르는 1936년에 인간적 사랑을 이와 같은 관점에서 세 부분으로 분석한 후 상당히 조리있게 전개하고 있다.[41] 그는 성적 사랑에서 시작하여 소위 인간적 의식이라는 사랑에 이르기까지 분석해 나가고 있다. 인간적 의식은 배타적이 아니고 만민에게 두루 미친다는 점에서 성적 사랑과는 다르다. 가장 단순한 인간적 의식(사랑)은 우애에서 볼 수 있다. 한걸음 더 나아가서 좀더 고차원적인 사랑은 인간이 공동작업이나 공동계획에 몰두할 때 생기는 더욱 큰 우정이나 애국심이나 세계통일의 의식에서 나타난다. 떼이야르는 제3단계의 분석에서 우주적 의식을 말하고 있다. 이 우주적 의식이란 "인간을 심리적으로 전우주와 결합시키는 다소 불확실한 친화력이다".[42] 이것은 궁극적으로 또 근본적으로 우주의 진화가 수렴하는 점, 즉 중심들 중의 중심인 오메가에 대한 사랑이다.

> 우주적 의식은 사랑이다. 그외에 다른 것이 될 수 없다. 우주적 의식이 사랑임은 상호보완적인 특수한 인격체를 그 대상으로 삼기 때문이다. 우주적 의식은 그것이 여인에 대한 남자의 사랑과 타인에 대한 나 자신의 사랑을 완성하여 지배하는 역할을 하므로 사랑일 수밖에 없다. 내가 이미 말한 것처럼 우주에는 분명히 세계에 대한 사랑(표현이 합당하지 못할지는 모르지만)이 있음직하다. 사랑은 오직 이러한 우주적인 활동을 통해서만 무한정하게 증대하고 발전할 수 있다.[43]

---

[40] *OE* 6,42. [41] "Esquisse d'un univers personnel" (1936): *OE* 6, 89-105.
[42] *OE* 6,101. [43] "Esquisse d'un univers personnel" (1936): *OE* 6, 104.

떼이야르는 3단계의 분석에서 매단계마다 사랑(성적 사랑, 인간적 의식 및 우주적 의식)은 개성화한다고 말하고 있다. 더욱 정확하게 말하면 사랑으로 결합되고 또 사랑 그 자체는 이미 결합의 형태를 갖추고 있다. 그러므로 참된 결합으로 인하여, 결합된 요소들이 혼동되기는커녕 오히려 개별화되고 따라서 각 요소는 더욱더 자기의 특성을 지니게 된다. 결합된 구성원은 바로 결합 그것 때문에 개별화된다. 이와같이 사랑은 하나의 결합력이기 때문에 인격의 발전과 완성(개성화)의 에너지가 된다.

떼이야르는 1937년에 쓴 어느 편지에서 인간이 세계 건설을 위해 노력하는 경우에 신에 대한 사랑의 가치와 역할이 중요함을 깨닫고, 인간의 에너지에 관한 논문을 쓸 때 이것을 참고로 삼았다고 말하고 있다.[44] 그는 「인간의 에너지」란 논문에서 사랑에 관한 자신의 과거의 견해를 종합하고 오메가의 중요성을 더욱 강조하고 있다. 우주는 인간의 진보를 통하여 더욱 발전하였고 이에 따라 우주의 물리적·정신적 능력은 점차적으로 개인을 오메가에 결합시키는 근본적인 친화력으로 나타난다. 세계의 요소들은 그 자체가 위격적인 통일의 중심으로 접근함으로써 더욱 개성화하려 한다. 더구나 궁극적인 합류점이 되고 있는 이 중심에서 우주의 근원적 에너지가 발산된다. 떼이야르는 이러한 힘, 즉 우주의 근원적 에너지를 무엇이라 부를까 자문한다. 그는 오직 사랑이라는 단어를 붙일 뿐이다.[45] 떼이야르는 사랑이 인간의 근원적 에너지, 즉 순수한 상태의 인간적 에너지라는 자신의 가설을 증명하고 있다. 그는 먼저 심리학적 분석에서 시작하여 중심점인 오메가를 지각하고, 마침내 어떤 우주적 차원을 지닌 사랑만이 인간행위의 가능성을 전체화할 수 있는

---

[44] 1937년 6월의 편지(L. Swan, "Memories and Letters": *Teilhard de Chardin: Pilgrim of the Future*, 45에 인용되어 있음).

[45] "L'énergie humaine" (1937): *OE* 6, 180-1.

힘이라고 말하고 있다.[46] 떼이야르는 매우 치밀하나 때로는 이해하기 어려운 이론으로써 사랑만이 개인의 활동과 개인 자신을 긴밀하게 종합하고 마침내 만인을 한 인류로 통일할 수 있다는 것을 설명하려 한다.[47] 그러나 심리학적 분석의 막바지에서 그 자신이 인정한 것처럼 어떤 유형이 없이는 이와 같은 설명이 불가능하였다. 그런데 이 유형은 바로 그리스도교로서 떼이야르는 그리스도교를 단순히 역사적 현상으로 고찰하고 분석하고 있다. 떼이야르는 그리스도 강생의 실제성에 비추어 고찰된 그리스도가 바로 오메가에 해당하는 분이고, 또 그리스도는 기대되는 정신적 전체화를 실현하는 분이라고 생각하고 있다.[48] 그리스도는 교회 안에서 위격적 결합의 종극終極이다. 따라서 그리스도교는 사랑의 문a phylum of love, 다시 말해서 우주의 진화가 그리스도 안에서 사랑, 통일, 개성화의 최종적 종합을 향하여 전진할 때 거쳐야 할 사랑의 축이다. 떼이야르는 줄곧 사랑에 관한 과학적 현상론을 전개하면서 그리스도교를 논하고 있다. 떼이야르가 사랑을 진화의 기본 에너지(즉, 인간 통일의 기본 에너지, 또한 현상론적으로 볼 때 그리스도교적 현상 가운데서 가장 두드러지고 가장 활기있는 에너지)로 고찰하여 자신의 이론(가설)을 신학적으로 논한 것은 훨씬 뒷날의 일이다. 떼이야르는 사랑의 과학적 현상론이 거의 확립될 무렵 사회적 전체화라는 진화 과정에서 사랑이 차지하는 위치에 관심을 집중하게 되었다. 인간의 진화는 증대하는 복잡화 의식의 축(의식의 증대는 복잡화의 증대에 따른다)을 따라 계속 진행되고 있다. 인류는 조직화(또는 복잡화)와 집단의식의 극점을 향하여 수렴하고 있다. 이 극점이 바로 오메가 점이다. 오메가를 향한 인류 진화의 기본 과정은 바로 사회적 전체화 과정이다. 그러나 떼이야르는 "사회적 전체화 과정은 오히려 정

---

[46] *OE* 6, 181.   [47] *OE* 6, 182-91.   [48] *OE* 6, 192.

신적 퇴보와 유물론의 경향으로 나가는 것 같지 않은가?"라고 자문한다.[49] 이러한 현상이야말로 오늘날 모든 전체주의 국가가 당하고 있는 실정이 아닌가? 이에 대하여 떼이야르는 사회적 전체화로 인하여 전체주의 사회가 인간 이하의 상태로 퇴보한다면 그것은 사회적 전체화의 원리에 잘못이 있어서가 아니라 이 원리를 오해하고 오용하기 때문이라고 답변한다. 인류가 집단화를 통하여 정신의 성장을 도모하려면,

> 첫째 요건으로 진화 과정에 있는 인간 단위는 외적 압력이나 물질적 행위의 성취만이 아니라 내적 인력에 의하여 중심과 중심이 직접 서로 접근해야 한다. 즉, 강제나 공동임무에 예속됨으로써가 아니라 같은 정신으로 일치함으로써만 가능하다.[50]

참된 결합, 즉 심정心情과 심정, 정신과 정신의 결합으로 인하여 개인이 타에 예속되거나 또 개성이 감소되지 않는다. 참된 결합으로 인간은 개성화된다. "'결합을 통하여 개성화로'라는 공식이 통용되는 우주에서는 사랑의 힘이 지배적 역할을 한다. 왜냐하면 사랑으로 인하여 인간과 인간이 서로 접근하고 마침내 하나로 결합되기 때문이다."[51] 참된 결합은 사랑에 의한 결합이고 따라서 인류의 진화에는 사랑의 역할이 근본적이고 필연적인 것이다.

> 오직 사랑을 통한, 또 사랑 안에서의 결합만이(여기서 사랑이란 말의 가장 넓고 실제적인 의미는 상호간의 내적 친화력을 뜻한다) 요소들을 개별화할 뿐 아니라 개성화하는 물리적 특성을 가질 수 있다. 왜냐하면 개인과 개인은 사랑을 통해서만 피상적 · 접선적接線的

---

[49] "Life and the Planets" (1945): *FM* 118-9.
[50] *FM* 119.　　　　　[51] "La centrologie" (1944): *OE* 7, 125.

으로가 아니라 중심과 중심이 결합할 수 있기 때문이다. 인류는 불가항력적인 압력에 의해 결합하긴 하나 서로 접근하는 행위를 통하여 서로 사랑할 때 비로소 자신을 발견하고 형성할 수 있다.[52]

떼이야르는 1950년에서 1954년 사이에 쓴 세 개의 논문에서 사랑의 이론을 완전히 분석하고 있다. 그는 자신이 세운 사랑에 관한 일반적 가설을 전개하되 인류 안에 사랑과 일심一心이라는 필연적인 힘을 구조상으로나 기능상으로 고무하고 방출하는 어떤 자율적 중심이 반드시 존재한다는 확신을 가지고 사랑을 진화의 정신적 에너지로 고찰한다. 그는 "오직 진정한 초월애super-love, 다시 말해서 진정한 초월유super-being의 인력만이 심리적 필연성에 의해 현세적 사랑을 지배하고 소유하고 종합할 수 있다"고 추론한다.[53] 우주를 통일하는 위격적 중심이 실재하지 않는다면 전체화한 인류의 참된 결합도 있을 수 없다. 앞을 향해 무엇인가 바라보며 나아가려는 충동은 "더욱 근원적인 어떤 열망('그 어떤 분'을 그리워하는 일종의 천상적 열망)과 결부되지 않으면 충분한 성과를 낼 수 없다".[54]

떼이야르는 오늘날 과학적·사회적 발전에 대한 관심 및 이러한 발전을 가능하게 하는 연구에 큰 관심을 가지는 것은 우주에 대한 인간의 새로운 태도를 말해주는 것이고 또 우주를 훌륭한 작업장으로 생각할 때 그것은 "극히 사랑스럽고 사랑할 만한" 대상이라고 확신하는 신비주의적 경향을 말하는 것이라고 암시한다. 동시에 복음에서 말하는 사랑(애덕)은 근본적으로 그리스도화한 우주적 진화의 사랑으로서 나타난다. 떼이야르는 이것을 단순한 일치만으로는 생각하지 않는다. 그리스도교 교리에서는 급속히 수렴하는 인간의 파동이 현존하는 진화의 수렴점과 객관적으로 결부될 수 있다고 주장

[52] *FM* 235(영어판). [53] *FM* 277-80, 286-7(영어판).
[54] *FM* 288(영어판).

하는가?라는 의문이 생긴다. "내가 만일 처음부터 이것을 긍정하지 않았다면 나는 이 질문이 당연히 나와야 한다고 생각한다."[55] 떼이야르의 사랑의 이론은 그 마지막 단계에 이르러 그리스도교 교리를 옹호하는 전통적 의미의 아폴로지아apologia가 되고 있다. 과학적 현상론의 견지에서 본 사랑은 그리스도교적 사랑(애덕)을 보충적이고 신학적으로 고찰할 여지를 남겨놓고 이에 따라 그리스도교의 사랑도 논하지 않을 수 없게 된다.

---

[55] *AM* 273(영어판).

그리스도교적 사랑

떼이야르는 10년 동안 거론하지 않고 있던 사랑에 관한 신학적 고찰을 1940년에 다시 시작하였다. 그러나 이때는 이미 사랑의 현상론이 대충 확립되어 있었고, 진화의 추진력과 일치적 요인으로서의 사랑을 토대로 삼아 그 위에서 그리스도교적 사랑(애덕)을 재검토하였다. 그 다음 10년에 걸쳐 그는 사랑에 관한 현상론적 가설의 연장과 그리스도교적 사랑에 관한 신학적 이론의 구상이라는 두 가지 방향을 따라 자신의 사상을 전개해 나간다. 이 두 방향은 한 점을 향하지만 별개의 것이다. 떼이야르는 자신이 세운 사랑의 이론에서 그의 이론 중 일부분이 그리스도교 교리의 외적인 영향을 받은 것을 인정하면서도 오직 관찰할 수 있는 현상만을 이론의 근거로 삼고 있다. 그는 또 한편으로 사랑에 관한 폭넓은 과학적 이론과 그리스도교 계시를 원천으로 삼아 여기서 그리스도교적 애덕론을 이끌어내고 있다. 그러므로 그의 이론은 합당한 신학적 견해다. 서로 다르나 한 점을 향하는 두 가지 사상의 노선, 즉 사랑의 이론과 애덕에 관한 신학적 사고는 서로 영향을 미친다. 그러나 이 양자는 뚜렷이 구별된다.

  떼이야르의 애덕론이 취하고 있는 방향을 밝히 알려면 1940년 연중 묵상(避靜) 때 써놓은 노트를 보면 된다. "나는 '누가 우리를 그리스도의 사랑에서 떼어내리오?' 라는 로마서 8장 35절의 유명한 구절에서 성 바울로가 뜻한 의미와는 다른 의미(비록 바울로의 사상을 따르긴 하나)를 덧붙인다. 성 바울로는 애덕을 모든 힘보다 더욱 위대한 힘으로 생각하였다. 나는 애덕이 모든 힘을 포용하고 모든 힘에 초월적인 활력을 불어넣는 '역동적 상황' 이라고 생각한다."[56]

이와 때를 같이하여 떼이야르는 인류에 대한 사랑 및 전우주에 대한 사랑을 애덕과 결합시킨 후 그리스도교적 사랑 안에서 인류의 고민, 희망 및 발전에 대하여 인간이 스스로 책임을 지고 "신의 왕국 건설을 바라보면서 세계의 진보를 도모해야 한다고 말하고 있다".[57] 애덕은 감정이 아니다. 인간은 우주의 진화를 통하여 하나가 될 것이고, 따라서 이러한 통일 작업이 인간의 전 활동을 지배하는 기본법칙과 효과적인 지침이 되고 있다. 따라서 애덕의 계명은 순수한 감정의 영역에 속한 것이 아니라 "전우주적 에너지와 필연적 법칙의 중심부에 자리잡고 있다".[58] 애덕은 실상 정적인 덕행이 아니라 동적인 덕행이고 또 당연히 그러해야 한다.

현대인은 애덕의 부정적인, 그렇지 않으면 적어도 정적인 양상과 이 위대한 덕의 초탈적 성격을 보고 그리스도교적 애덕에 의아심을 품게 된다. "서로 사랑하라"는 복음의 계명이 이제까지는 단순히 "서로 해하지 말라", 혹은 "될 수 있는 대로 주위 사람들에게 친절을 베풀고 불의를 행하지 말며 상처를 싸매어주고 적의를 가지지 않도록 하라"라는 뜻으로 이해되었다. 그리고 지금까지는 신과 이웃에게 바칠 우리의 초자연적 선물은 세속사에 애착하는 얽매인 감정이 아닌 그 무엇이라고 생각되었다. 그러나 애덕을 시간의 원추 안에 놓고 볼 때, 이러한 제한과 제약은 없어지고 만다. 수렴하는 우주에서 어떤 요소가 인접한 요소들에 접근하는 유일한 방법은 원추를 축소하는 것, 다시 말하면 어떤 요소를 포함하고 있는 세계의 전 표층(表層)을 정점의 방향으로 움직이는 것이다. 이러한 체계 안에

---

[56] H. de Lubac, S.J.(R. Hague 역), *Teilhard de Chardin, the Man and His Meaning*, 37. 각주 28.

[57] "La parole attendue" (1940): *Cahiers Pierre Teilhard de Chardin*, 4, *La parole attendue*, 26.

[58] "L'atomisme de l'esprit" (1941): *OE* 7, 59.

서는 신에게 접근하지 않고서는 타인을 사랑할 수 없고 또 우리가 이미 알고 있는 것처럼 타인을 사랑하지 않고서는 신에게 접근할 수 없다. 그러나 물리적 전체성 안에서 정신의 현세적인 종합을 도모하는 데 힘쓰지 않고는 신도 타인도 사랑할 수 없다(이 사상은 우리에게 좀 생소할 것이다). 왜냐하면 이러한 종합을 도모함으로써 우리는 신에게로 상승하면서 인간 상호간에 접근할 수 있기 때문이다. 우리는 사랑하기 때문에, 또 더욱 사랑하기 위하여 현세적인 모든 노력, 모든 불안, 모든 열망 그리고 모든 집착에 유의하여 그 누구보다도 즐거운 마음으로 이에 참여하지 않을 수 없다. 단 이러한 것이 상승과 종합의 원리를 구체화하는 한.[59]

애덕을 그리스도-오메가로 향해 수렴하는 우주와 관련시켜 고찰하면 그것은 우주적·역동적·종합적 성격을 지닌다. 우주 만물이 그리스도-오메가를 향해 움직이고 세계의 진화는 현실적으로 그리스도 발생이므로 전우주와 우주의 모든 사물은 그리스도의 현존 안에 잠겨 있고 이에 따라 그리스도교적 애덕의 대상이 된다. 그리고 세계의 진화는 그리스도 발생이고 그리스도는 우주 진화의 종점 및 정점에서만 성취될 수 있기 때문에 우리가 그리스도 안에서 만물을 완성하고 종합하려고 노력하지 않으면 세계의 발전에 기여할 수 없다. 그런데 가장 완전하고 능동적인 진화의 동인은 사랑이다. 세계의 진보에 기여하지 않으면 그리스도와 결합할 수 없다. 인류는 사랑의 힘에 의하여 궁극적 완성을 향해 건설되고 있다. 그러므로 인간의 모든 노력이란 "근본적으로 또 정정당당하게 사랑에 몰두하고 전념하는 것이다".[60] 우리가 그리스도를 사랑한다면 인류와 전우주가 그리스도를 향해 전진하도록 힘써야 한다. 더구

---

[59] *FM* 95.   [60] *OE* 9, 214.

나 우리의 모든 목표와 활동은 애덕에 의해서만 통일된다. 인간이 일상생활에서 행하는 대부분의 활동은 애덕의 범위를 벗어나는 것이 보통이다. 사랑한다는 것은 언제나 어떤 인간을 사랑의 대상으로 삼고 그와 밀접하게 결합하는 것이다. 그러나 대부분의 일상활동에는 타인과 관계없는 일과 세속적인 생업 등이 포함되어 있다. 그러나 만사가, 진화하는 세계에서 그리스도-오메가를 지향한다면 인간도 모든 목표와 활동을 통하여 그리스도를 사랑할 수 있다. 따라서 인간의 모든 목표와 활동은 그리스도와 밀접한 관계를 이루고, 그 자체가 그리스도교적 사랑의 행위가 된다. 애덕은 인간의 다른 모든 에너지(이 에너지가 오메가의 힘이 미치는 범위에 있는 한)를 변형하는 고차원의 정신적 에너지다. 그리스도교 신자는 자신이 활동할 때뿐 아니라 언제나 현실적으로 사랑할 수 있고 또 자신의 활동이 어떤 것이든 상관없이 그 활동을 통하여 직접 신의 중심과 결합할 수 있다.[61]

떼이야르는 그의 생애 마지막 5년에 걸쳐 그리스도교의 애덕은 어느 모로 보나 인간적 사랑의 충만과 완성이라는 자신의 견해를 이전보다 더욱 명백히 지지하였다. 애덕은 자연적 사랑이 "그리스도 중심적인 우주권으로 상승된 것이고 … 이때문에 만물을 변화시키는 놀라운 힘을 드러낸다".[62] 떼이야르는 그 생애 말년에 그리스도교의 사랑은 신에 대한 사랑과 이웃에 대한 사랑만이 아니라 모든 피조물에 대한 사랑이 될 수 있고 또 마땅히 그러해야 한다는 견해를 매우 강조하였다. 사랑은 진화의 정신적 에너지고 또 진화 자체는 그리스도를 향해 수렴하는 우주적인 전진운동, 다시 말해서 그리스도 발생이다. 이에 따라 그리스도교의 사랑에는 우주에 대한 사랑과 우주적 진보에 대한 사랑이 포함될 수 있고 또 마땅히 포함

---

[61] *OE* 9, 215-6.   [62] "Le coeur de la matière" (1950) 28.

되어야 한다. 사랑은 그 형태가 어떠하건 모두 그리스도화하여 그리스도교적 애덕이 될 수 있고 또 그렇게 되어야 한다.[63] 떼이야르는 이와같이 사랑의 과학적 현상론과 애덕의 신학적 사상을 완벽하게 종합하였다.

---

[63] *OE* 7, 273-5; "Le Christique" (1955) 12-3.

인간의 노력과 그리스도교적 초탈

떼이야르가 오직 창조적인 영성생활(그리스도교적 극기와 자아포기를 무시하고 진보와 발전에만 치중하는 영성생활)을 주장한다고 생각함은 큰 잘못이다.[64] 떼이야르가 생각하는 영성생활의 교리는 바로 십자가의 교리다. 떼이야르는 여러 저작에서 초탈과 진정한 발전 사이에 필연적 관계가 있음을 끊임없이 주장하고 있다. 정복의 영성생활은 초탈과 자아포기의 영성생활이 아닐 수 없다. "세계, 세계에 대한 순종, 세계를 위한 봉사의 의무, 이러한 것은 십자가를 지는 것처럼 힘들다. 그리고 각자는 십자가에 달린 그리스도 안에서 자신의 참된 모습을 찾아야 한다."[65] 왜냐하면 현세에서 십자가를 지고 있는 우리가 세계의 진보를 위해 노력하지 않고서는 세계를 그리스도-오메가를 향해 나아가게 할 수 없기 때문이다. 성실하게 세계의 진보를 증진하는 그리스도 신자는 실상 끊임없이 극기하는 사람이다. "그는 자신을 망각할 정도로 성실하게 활동한다. 그는 자기 자신보다는 오히려 자신이 활동해야 할 동기에 더욱더 유의하고 자신의 개인적 성공에서 오는 이기적인 만족보다는 인생의 성공을 더욱 바라기 때문에 초탈한다."[66] 비록 자신의 고통이 속죄나 혹은 현세로부터의 단절의 표지가 아니라 오히려 진보를 위한 보상이라 생각되더라도 그는 자신이 진실한 십자가의 종이라 자처할 수 있다. 그는 금욕적인 의미에서 세상을 싫어하지 않고 복음적인 의미에서 세상을 싫어한다. 그는 세계 그 자체를 위해, 또 향락만을

---

[64] L. Bouyer (M. Perkins Ryan 역), *Introduction to Christian Spirituality*, 163-4.
[65] "La vie cosmique" (1916): *Ecrits* 56.
[66] "La maîtrise du monde et le régne de Dieu" (1916): *Ecrits* 82.

위해 개발된 세계, 오메가에서 후퇴하여 스스로를 섬기는 그러한 세계는 싫어한다. 이와 반대로 그는 그리스도를 향해 전진하는 세계를 사랑하고 이것을 위해 헌신한다. 이와같이 자신을 바칠 때 그는 자신을 망각한다. 이것이 바로 그리스도교적 초탈과 자아포기다. 그는 그리스도교적 순결과 사랑 및 초탈(순결과 사랑에서 나오는 기초적이고 필연적인 부수물)에 의하여 그리스도와 일치한다.[67]

현세에 대한 애착과 그리스도를 향한 세계 진보는 반드시 고차적인 초탈을 의미한다. 사욕私慾을 떠난 노력에는 애착과 초탈이 함께 어울려 있다. 자신과 세계를 신에게로 가까이 이끌어가는 사람은 자신의 활동을 통해 개성화되고 그리스도에게 몰두한다. "인간은 본질적으로 그리스도교적 활동을 통해 초탈하는 동시에 그리스도와 결합한다."[68] 세계의 진보를 참으로 갈망하는 마음(애착)은 바로 이 기주의를 버리는 마음(초탈)과 동일하기 때문에 그리스도교 신자는 자신의 활동을 통하여 초탈한다.[69] 다시 말해서 그리스도교적 활동에서 그리스도교적 초탈이 나온다. 그러므로 그리스도교적 선택은 현세 초탈과 현세 애착 중에서 그 어느 하나를 취하는 것이 아니다. 즉, 천국과 현세 이 양자 중 하나를 택하는 것이 아니다. 오직 "세계 건설을 위한 그리스도 안에서와 밖에서의 노력 중 어느 하나를 택하는 것이다".[70]

떼이야르는 활동을 통한 초탈에 관한 자신의 견해를 1916년에서 1919년 사이의 여러 논문에서 잘 표명하고 있다. 더구나 그가 지질학 박사 학위를 얻기 위해 파리에서 수학할 때 저명한 가톨릭 철학자인 모리스 블롱델과 주고받은 편지(1919)에서 자신의 견해를 더욱 진보된 형식으로 제시하고 있다.[71] 서로간에 친구인 예수회의 발랑

---

[67] *Ecrits* 130, 194, 229.   [68] 1915년 7월 4일자 편지: *MM* 58.
[69] *Ecrits* 292, 346-7.   [70] *Ecrits* 379.
[71] H. de Lubac이 *Archives*에 인용하여 해설한 편지.

생Auguste Valensin 신부는 떼이야르의 논문 두세 편을 블롱델에게 보냈고, 블롱델은 자신이 논평을 가하여 그것을 되돌려주었다.[72] 떼이야르는 블롱델의 논평에 대답하기를, 그의 비판에는 근본적으로 동의하나 어떤 사상을 가능한 한 정확하게 표명하려면 여러 가지 견해가 있을 수 있다고 덧붙였다. 견해상의 차이는 결국 그리스도교적 초탈과 자아포기에 관한 문제에서 생기므로 떼이야르는 활동을 통한 초탈의 개념을 가능한 한 명백히 제시하려 하였다.

떼이야르는 블롱델에게 그리스도교 신자가 생각하는 자아포기는 우선 현세와의 단절을 통한 자아포기라고 말하고 있다. 이러한 형태의 자아포기라면 그리스도 신자는 외부세계와 통하는 문을 모조리 닫아버린 후 현세의 빛도 보지 말고 현세의 소리도 듣지 말아야 할 것이다. 그런데 빛과 소리는 두 가지가 있다. 하나는 신으로부터 오는 것이고 또 하나는 세속의 것이다. 현세와 접촉을 끊음으로써 신의 소리를 듣고 신의 광채 속에 잠길 수 있다는 초탈의 개념을 떼이야르는 구태여 반대하지 않는다. 그러나 떼이야르는 대부분의 그리스도 신자들이 이러한 개념을 생활 태도로 받아들여 실천하기란 사실상 불가능하다고 말한다. 그러므로 인간이 초자연적 사물에 직면할 때 취할 태도에 관한 문제는 이러한 개념으로써는 해결되지 않는다. 그뿐 아니라 초탈의 개념이 이러할진대 대부분의 사람들이 그리스도와 최대로 결합할 가능성도 있을 수 없다.[73] 그러므로 더욱 일반적인 그리스도교적 초탈관이 필요하다. 떼이야르는 이에 관해 자신의 견해를 다음과 같이 표명하고 있다.

> 우리 각자의 생활에서 행하는 대부분의 필요한 활동은 자연인 및 사회인으로서의 적극적 활동이다. 우리는 자신의 힘으로는 극복할

---

[72] *Archives* 125.   [73] *Archives* 135-7.

수 없는 상황으로 인하여 부득이 노력해야 하고 따라서 이러한 노력은 바로 고행이다. 그러나 이러한 노력에는 윤리적 훈련에 의해서만 아니라 활동 자체의 능동적 결과에 의하여 제1 질서를 정신화하는 가치가 있다. 일상생활의 투쟁 및 활동력이 없는 곳, 즉 현세를 도피하는 외딴 세상에서는 사랑이 자취를 감추지 않겠는가?

각 개인의 일상생활과 인류의 역사에는 전반적으로 적극적인 업적을 성취하려는 거대한 잠재력이 숨어 있고, 이러한 잠재력은 결코 헛될 수 없다. 그리스도가 나의 생명, 나의 전 생활인만큼 나는 금욕적인 구속과 고도의 결합에서 오는 쓰라린 고통을 통해서만 아니라, 나의 과업 완수를 위한 적극적 노력을 통하여 그리스도 안에서 성장하고 있음을 의식할 필요가 있다. 이것이야말로 꼭 필요한 것이다. 그렇지 않으면 나는 그리스도교 때문에 활동 의욕을 상실할 것이다.[74]

따라서 플레로마의 형성은 현실세계와의 단절로써가 아니라 현실세계의 변형원리에 의해서만 가능하다. "그리스도의 초자연적 충만은 세계의 자연적 충만에 근거한다."[75] 떼이야르는 "은총이 자연(본성)을 토대로 삼고 또 자연을 변화시킨다"라는 원리를 적용한 것뿐이다. 떼이야르 사상의 독창성은 그리스도교적 자아포기의 실천적 태도에 관한 변형원리의 함축적 의미를 올바로 깨닫는 데 있다.

일반적으로 말해서 그리스도는 자신 안에서 완성될 세계 안에서, 또 세계를 통하여 자신을 인간에게 부여한다. 인간은 값진 진주 하나를 얻기 위해 모든 피조물을 쉽게 버릴 수만은 없다. 이러한 태도는 현실생활과는 거리가 멀다. 신과 결합하기 위하여 현세를 버린다는 것은 하나의 환상이고, 현실 및 현실이 요구하는 고된 노력을

---

[74] *Archives* 138.   [75] *Archives* 139.

기피하려는 유혹이다. 올바른 그리스도교적 초탈의 태도는 "인간의 활동으로 다소간 플레로마의 가까운 소재를 마련함이다"[76]라는 의식을 가지고 인간의 모든 활동에 열광적으로 협조하는 일이다. 이상을 추구하여 이 어려운 수고를 할 때 우리는 비로소 자아포기의 의무와 이기심 및 이기적인 나태를 극복할 의무를 느낀다. "우리는 현세사에 애착하는 동시에 현세를 도피할 수 있다."[77] 어떤 의미로 애착은 바로 초탈이다. 왜냐하면 자아포기, 즉 창조적 죽음은 자연 안에 숨어 있는 하나의 논리와 힘이기 때문이다. 이리하여 애착은 그리스도가 자기 신체의 구성원들에게 명한 자아포기의 시작이다. 이런 견지에서 보면 초탈과 인간의 노력은 서로 일치한다.

그런데 인간의 노력과 자아포기의 조합에는 무한히 많은 종류가 있다. 직업도 가지가지고 또 동일한 직업에도 갖가지 형태가 있다. 성 토마스 아퀴나스St. Thomas Aquinas와 성 빈센트 드 폴St. Vincent de Paul 과 십자가의 성 요한St. John of the Cross은 제각기 교회에서 자신의 위치를 차지하고 있다. 또 각 그리스도 신자생활에는 발전기와 쇠퇴기가 있다. 어쨌든 그리스도교적 자아포기는 자연질서를 무시하거나 현세를 도피함이 아니라 세계와 그리스도 신자의 (그리스도 안에서의) 새로운 변형을 뜻한다.[78]

떼이야르는 「신의 영역」에서도 활동을 통한 초탈의 개념을 논하고 있다. 「신의 영역」에서 논한 개념은 블롱델과의 서신교환에서 언급한 것과 동일하나 더 명료하고 간결하게 표현되어 있다.

> 그리스도교의 신조에 따라서 인간의 의무에 몰두하는 사람은 겉보기엔 세속사에 빠져 있는 것 같지만 실상 자기 존재의 근저에까지

---

[76] *Archives* 140.   [77] *Archives* 141.

[78] C. Mooney, S.J., "Blondel and Teilhard de Chardin": *Thought* 37 (1962) 543-62 참조.

속속들이 위대한 초탈자다. 노동은 원래 반항하지 않고 충실하게 종사하는 사람에게는 초탈의 여러 가지 도구가 된다. 노동은 우선 노력을 의미할 뿐 아니라 무기력에 대한 승리를 의미한다. 노동은 흥미있고 지적인 것일지 모르나 — 그것이 지적일수록 더욱 참되게 된다 — 노동에는 언제나 출산의 진통이 따르게 마련이다. … 그리스도 신자는 예수 그리스도 안에서 세계를 신화神化함을 자신의 임무로 생각한다. 그러므로 인간의 행동을 이상理想에서 이상으로 또 내적으로 더욱 확고하고 포괄적인 대상을 향해 추진시키는 자연적 과정은 계시의 도움을 받아 그리스도 신자의 경우 최고도로 팽창된다. 따라서 활동을 통한 초탈은 그리스도 신자의 경우 최대의 효력을 나타낸다.

그리고 이미 논술한 바이거니와 그리스도교 신자는 현세에 가장 애착이 강한 동시에 가장 초연한 인간임에 틀림없다. 보잘것없는 현세적 성공도 헤아릴 수 없는 중요성과 가치가 있음을 세속인과는 달리 확신하는 신자라도 만일 그것이 신과 무관한 개인적 — 비록 보편적인 것일지라도 — 이익으로 보일 때는 은수자 못지않게 그 어떠한 성공이라도 무가치한 것으로 확신한다. 그가 현실적인 피조물을 통해서 추구하는 것은 신이고 그외에 아무것도 아니다.[79]

활동을 통한 초월, 즉 더욱 고상한 것을 얻기 위한 그리스도교적 자아포기의 교리는 1930년과 1940년초에 씌어진 떼이야르의 여러 작품에서 여러 가지 관점으로 설명되고 있다. 그리스도교의 초탈은 정신적 초탈, 즉 내적 인간의 초탈이다. 떼이야르는 초탈이 거부나 후퇴의 형태가 아니라 정복의 형태로 나타난다고 말한다. 초탈은 세계를 신에게로 인도하기 위하여 현세적 활동에 참여함으로써 현

---

[79] *DM* 71-3(영어판).

세사에 몰입하는 그리스도교 신자의 정신적 태도다. 이러한 초탈의 개념은 그리스도 강생(세계를 신에게로 이끌기 위한 세계 잠입)의 사실 및 목적과 매우 조화되고 부합한다. 우리는 그리스도교적 초탈로써 현세의 사물에 의지하지 않고도 현세를 사랑할 수 있고 또 현세사에 관여하면서도 현세를 초월할 수 있으며 … 현세의 사물을 사랑함으로써 모든 진리와 미를 초월할 수 있다.[80] 그리스도교의 이상적인 완덕은 혼탁한 세계를 정화하는 데 있다기보다는 오히려 피조물을 신화神化하려고 노력하는 데 있다고 떼이야르는 말한다.[81]

---

[80] *FM* 96(영어판). [81] "L'évolution de la chasteté" (1934) 7.

감퇴와 그리스도교적 초탈

활동을 통한 초탈이 있는가 하면 더욱 중요한 것으로는 불가피한 악을 수동적으로 인종忍從함으로써 얻는 초탈이다. 떼이야르는 인간의 불가피한 고통을 감퇴력減退力이라고 부른다. 이러한 감퇴력, 예를 들면 우리와 친근한 이의 죽음, 갖가지 사고, 질병, 진보의 기회 부족, 여러 가지 난관과 불우한 환경 등은 인간의 능력으로 마음대로 제거할 수 없다. 그러나 감퇴의 수동성受動性은 더욱 위협적인 것이다. 이 감퇴의 내적 수동성에서 가장 어두운 요소와 우리 생애에서 가장 싫증나는 생활이 전개된다. 즉, 자연적인 실패, 육체적 불구, 지적·윤리적 결함 등 게다가 인격 내부의 갈등과 혼란, 번민, 노령이 추가된다. 마지막으로 우리는 누구를 막론하고 "모든 감퇴의 총화요 완성인 죽음"을 기다린다.[82]

   그리스도 신자가 이 감퇴력을 수동적으로 받아들여야 할 때 어떤 태도를 취해야 할 것인가? 이 수동적 인종으로 어떻게 신과 긴밀히 결합할 수 있을까? 각자가 생활 속에서 신을 파악할 수 있다는 것은 이해가 간다. 그러나 각자의 죽음에서 신을 발견할 수 있는가?[83] 우리는 모든 악을 거슬러 싸워야 할 그리스도 신자로서의 의무가 있고 이러한 투쟁을 통하여 그리스도와 더욱 긴밀하게 결합할 수 있다. 그러나 우리가 겪는 실패에 관하여는 어떻게 설명해야 할 것인가? 우리는 불가항력적인 악, 즉 감퇴력을 받아들여야 하고 기껏해야 결국에는 죽고 만다. 떼이야르는 수동적 고난과 죽음에 관한 그리스도교적 해답을 두 가지 관점에서 찾는다. 첫째, 신의 섭리에 관

---

[82] *DM* 81-2.　　[83] *DM* 80.

한 그리스도교적 이해요, 둘째는 신이 인간의 수동성을 어떻게 이용하여 인간을 자신과 밀접하게 결합시키는가를 분석함이다.

우선 신은 자신이 지니고 있는 완전성으로 인하여 성장 과정에 있는 세계의 요소들이 격동shocks과 감퇴를 면할 수 없게 한다. "완성을 향해 진보(상승)하는 세계는 부분적이나마 아직 미완성으로 있다. 악의 자취와 악의 위협이 없는 세계야말로 완성된 세계다."[84] 신의 완전성은 사물의 본질을 거스를 수 없다. 그러나 신은 악도 자신의 전체적인 계획 속에 포함하고 이에 따라 감퇴력을 더욱 고차적인 목적을 위해 이용한다.

> 그러나 창조가 계속되는 현재 상태로서는 신이 제거하기를 원하지 않는 그러한 악을 신은 오히려 이용하여 더 큰 선을 도모할 것이다 (우리는 이것을 두고 신이 악을 보상한다고 말해도 좋을 것이다). 이것은 마치 자기가 조각하고 있는 대리석과 용해하고 있는 청동靑銅에서 더 미묘한 선과 아름다운 색조를 끌어내기 위해 결함과 불순성을 그대로 이용할 줄 아는 예술가처럼 — 우리가 성실하게 신에게 의탁하기만 하면 — 신은 본질적으로 인생의 일부를 이루고 있는 부분적인 많은 죽음이나 최종적인 죽음을 제거하지 않고 오히려 그것을 더 훌륭한 계획 속에 포함시켜 그 모습을 바꾼다. 그리고 피할 수 없는 악뿐 아니라 실로 고의적인 과실까지도 — 우리가 후회하기만 하면 — 신은 역시 그것을 변형할 수 있다. 신을 찾는 사람에게 만사가 즉시 좋은 것은 아니나 만사가 다 좋게 될 수 있다.[85]

떼이야르는 악의 세력을 인종함으로써, 다시 말해서 늘 만나는 수많은 불행 — 일종의 죽음이다 — 과 인생의 마지막에 당하는 육체

---

[84] *DM* 86 각주 3.   [85] *DM* 86.

의 완전한 죽음을 달갑게 받아들임으로써, 신과 밀접하게 결합할 수 있는 전반적 과정을 — 신의 섭리에 관한 일반적 해설의 테두리 안에서 — 분석하려 한다.

떼이야르의 근본 개념에 의하면 모든 결합은 자아를 벗어나 타에게로 이전함을 뜻한다. 즉, 모든 결합은 일종의 이주移住(사랑하는 대상 안으로 들어가 함께 머묾)이며 부분적인 죽음이다. 떼이야르는 결합은 사랑의 결합이고 또 사랑은 사랑하는 상대방에게 자신을 주는 행위라고 생각한다. "그러나 우리가 확신하는 것처럼 타자 안에서의 이 멸각滅却이 우리가 우리 자신보다 더욱 위대한 분에게 애착할수록 더욱 완전하게 된다면 우리는 신에게 나아가는 도정에서 어떠한 멸각도 서슴지 않고 받아들일 수 있다."[86] 신에 대한 최초의 애착 — 이것을 위해서는 활동을 통한 초탈과 어느 정도의 자아의 죽음(극기와 희생)이 필요하지만 — 으로 인격의 중심은 최대한으로 발전한다.

그러나 그리스도교의 초탈은 이것으로 끝나지 않는다. 초탈의 전반적인 목적은 우리가 되도록 우리 자신에게는 관심을 적게 집중하고 신에게는 많이 집중하는 데 있다. 그러므로 자아의 죽음은 신과 더욱 밀접하게 결합하기 위하여 자신을 벗어남, 즉 자기이탈이다. 자아의 죽음은 특히 우리가 자신을 벗어나 신에게로 집중하게 하는 감퇴의 수동성이다. 감퇴력은 분리력, 심지어는 분해력이고 이것은 자아의 결합을 와해시킨다. 자아의 붕괴, 즉 분해와 부분사部分死는 더욱 고차적인 통합(신 안에서의 통합)에 필요한 과정이다. "예수 그리스도 안으로 감퇴되어 극기하고 고난을 받으며 끈기있게 참는 사람은 죽음이 생명으로 변화하는 임계점을 초월한다. 그들이야말로 자아를 버림으로써 자아를 되찾는다."[87] "우리의 생활이 진보할

---

[86] *DM* 88.   [87] "Le prêtre" (1918): *Ecrits* 293.

수록 변화도 많다. 또 변화가 많을수록 더욱더 죽어간다. 이것이 바로 생성의 법칙이다."[88] 떼이야르는 기도의 형식을 띤 산문시「세상에서 드리는 미사」중 성체배령에서 다음과 같이 기도하고 있다.

> 주여! 세계가 궁극적으로 당신과 결합할 수 있는 것은 개인의 성공뿐 아니라 인간의 진보로 보이는 일체의 것이 일시적으로 와해되는 일종의 역전逆轉, 즉 이탈離脫에 의해서입니다. 나의 존재가 결정적으로 당신의 존재에 결합되기에는, 우선 나 안에서 자아뿐 아니라 세계도 죽어야 하나이다. 달리 말하면 나는 아무런 현실적 보상도 없는 비통한 감퇴의 국면을 거쳐야 하나이다. 그때문에 당신은 쓰라린 일체의 분리, 일체의 제한, 성과없는 일체의 실추失墜를 잔에 부어 건네주시며 "너희는 모두 이것을 받아 마시라"라고 하십니다.[89]

인간에게 고통을 주는 세계의 악, 즉 감퇴력은 신이 적극적으로 원하지는 않는다. 이것은 아직 완전히 통일되지 못한 우주의 미완성 부분, 즉 무질서를 나타낼 뿐이다. 그러나 그리스도는 악을 정복한다. 우리가 현세에서 만물의 최종적 통일(그리스도 안에서 이루어질 통일)을 보지 못한다 하더라도 그리스도가 패배한 것으로 생각할 수는 없다. 그리스도는 우주의 제한성과 감퇴를 변형하고 또 그것을 그리스도와의 결합으로 이루어질 우리의 성장 과정과 통합(실제로는 아무런 변화도 가하지 않고)함으로써 이러한 제한성과 감퇴를 지배한다. 그리스도는 활기있는 생명력을 통해서만 아니라 두려운 패배와 죽음의 무질서를 통하여 우리 안에서 작용한다. 세계의 가장 어두운 부면은 분명히 종국에 가서 가장 밝아질 것이다.[90]

---

[88] "La foi qui opère" (1918): *Ecrits* 324.
[89] "The Mass on the World" (1923): *HU* 31.
[90] "Mon univers" (1924): *OE* 9, 101.

최후의 악, 최후의 이탈 및 그리스도와 결합하기 위해 통과해야 할 최후의 관문은 죽음이다. 현세의 그 무엇이든 무한정으로 성장하지 못하고 결국 상태의 변화점에 도달하고 만다. 여기서 상태의 변화점이란 어떤 사물이 더욱 발전하기 위하여 거쳐야 할 완전한 변화의 점, 즉 임계점을 가리킨다. "개인의 성장에 있어서도 개인이 새롭게 진보하려면 요소들을 완전히 재정비할 시기가 필요하다."[91] 완전한 변형이 일어나야 할 어느 시기가 오는데 이 결정적인 변형의 동인動因은 바로 죽음이다. 죽음은 이탈(신에게로 되돌아감)의 최종적 임계점이다.[92] 그리스도의 최대의 승리는 바로 죽음을 이긴 승리다. 죽음은 그 자체가 벌써 하나의 손상이고 실패며 인간에게 가장 큰 해독이고, 충분히 통제되지 못한 세계의 요소들에서 결과되는 맹목적인 보복이다. 그러나 그리스도가 친히 십자가 위에서 죽음으로써 그리스도는 죽음 자체를 변형하였다. 이리하여 죽음은 이탈, 변형 및 신과의 결합이라는 가장 중요한 궁극적 힘을 지니게 되었다. "그리스도는 죽음을 정복하였다. 이리하여 죽음은 변형의 존재론적 가치를 가지게 되었다. 이와 함께 세계는 그리스도와 같이 죽음을 거쳐서 신과 결합하게 되었다."[93]

---

[91] *OE* 6, 108.   [92] *DM* 88.   [93] "Mon univers" (1924): *OE* 9, 92.

그리스도교적 성화

떼이야르가 분석한 신과의 결합 과정은 이미 본장 초두에서 고찰한 것처럼 부분적으로는 중복되나 서로 구별되는 세 단계로 구분된다. 제1 단계는 세계에 대한 열렬한 애착, 즉 우리는 플레로마(그리스도 안에서의 만물의 완성)를 향하여 세계 건설에 이바지하고 있음을 깨닫고 전심전력으로 인간의 노력에 협조함이다. 둘째는 이러한 노력 가운데서 우리는 그리스도교적 초탈(이기심과 편협한 이기주의를 버림)의 제1 단계에 도달한다. 마지막으로 우리는 자기 이탈의 변형 과정에서 우리 자신에게가 아니라 신에게로 집중하게 하는 수동성과 감퇴를 받아들이고 이것을 그리워하기까지 한다. 떼이야르의 견해에 따르면 그리스도교적 성성(신과의 결합)의 발전은 바로 양극兩極(활동 및 진보에 대한 애착과 자아포기 및 초탈이라는 두 가지 방향)을 지향하는 진보적 운동이다.

"이리하여 율동적인 크리스천 생활에 있어서 발전과 포기, 애착과 초탈은 상호 배타적이 아니고 … 이 양자는 오히려 크리스천 생활의 중요한 두 요소가 되고 있다. 이리하여 그리스도교 신자는 이 양자를 이용하여 사물을 하나의 도약판跳躍板으로 삼아 마침내 사물들을 뛰어넘는다."[94] 크리스천 생활에서 무엇보다 발전과 애착을 중요시한다면 크리스천 생활의 또 다른 일면, 즉 초탈과 자아포기에도 계속적이고 궁극적인 상승이 있을 것은 사실이다. 정신적 성장 및 진보와 함께 ….

---

[94] DM 99.

인생 수련에 포함된 자아포기의 전망은 차츰차츰 확대되어 결국 성서가 요구하는 것처럼 우리는 지각할 수 있는 지상의 모든 사물에서 완전히 초탈하게 된다. 그러나 이 초탈의 과정은 인간활동의 놀라운 미美에 찬사를 바칠 만한 율동적인 생활에서 서서히 진행된다.[95]

떼이야르가 주장하는 성성聖性의 성장방법은 균형잡힌 방법이다. 그것은 발전과 애착에만 지나친 관심을 쏟지도 않고 인간적 사랑과 진보만큼이나 신의 사랑과 신의 왕국을 구하는 오류를 범하지도 않는다. 그것은 또 "마치 본성을 파괴함으로써만 성덕을 쌓을 수 있는 것처럼 생각하여"[96] 자아포기만을 너무 강조하지도 않는다. 떼이야르는 크리스천 생활의 본성적인 면(자연적인 면)을 강조하는 것도 아니고 그렇다고 본성의 포기를 강조하는 것도 아니다. 떼이야르의 근본사상은 초자연에 의한 자연의 점차적인 변형과 순화(그리스도교 신자가 신과 결합하여 성장하고 진보하는 가운데서 서서히 변형됨)의 사상이다.[97] 그것은 신앙의 눈으로 볼 때 "우주 안에서 우주를 통해서 이루어질 변형"이다.

> 나의 전 내적 생활의 목표는 바로 이 세계의 모든 내적·외적 힘 안에 숨어 있는 신과 점차적으로 결합하는 것이다. 따라서 나의 전 내적 생활은 신과의 결합에서 성장한다. 그러나 이러한 태도가 효과를 내기 위해 나는 나의 사상 때문에 죽음이나 박해나 그 어떤 힘도 거부하지 못한다. 신앙에 의해 성화된 세계에 충성을 다함으로써 신과 결합됨이라는 이 구절에 크리스천 생활의 일반 공식이 포함되어 있다고 믿는다면 일체는 그리스도 안에서 변형될 수 있다. 이것은 실로 완전하고 건전한 사상이다.[98]

---

[95] *DM* 103.   [96] *DM* 110 각주 1.   [97] *OE* 9, 41.
[98] *Lettres a Leontine Zanta*의 발췌문[*Christus* 12 (1965) 509에 인용되어 있음].

7

그리스도의 재림

이제까지 고찰한 떼이야르의 사상을 본장에서 부분적으로나마 간단히 종합하고 결론을 맺고자 한다. 우주, 우주 안에서의 인간의 위치와 인간의 활동, 신의 구원계획 등에 관한 떼이야르의 견해는 그리스도 재림시의 세계 종말 및 그리스도 안에서 일어날 세계의 변형에 관한 사상 속에 간추려져 있다. 성장과 진화라는 용어를 자기 사상에 도입한 떼이야르는 시초보다는 종말을 훨씬 중요시하고 여기에 더 큰 관심을 집중한다. 결과적으로 떼이야르의 사상 구조에서 지배적 위치를 차지하는 것은 세계 진화의 종국점에 관한 견해다. 한마디로 떼이야르는 전우주와 또 이 우주의 진화를 세계의 종말이라는 개념(이것은 객관화된 유리한 입장이다)에서 고찰하고 있다.

  인간은 완전한 성장, 즉 성장의 종국점을 향하여 고차적인 조직 및 집단의식의 축을 따라 진화·발전한다는 견해가 떼이야르의 중심사상이다. 인간의 진보는 인류의 성장과 성숙이 미래의 어느 점, 즉 최대 조직 및 최대 의식의 점으로 접근한다는 의미에서 수렴한다. 인류의 진보는 마치 원추의 밑바탕에서 그 정점을 향해 올라가는 나선형의 선을 따라 진행하는 것으로 볼 수 있다. 그렇다면 인류는 결국 궁극적인 완성점에 도달할 수 있는가? 떼이야르는 한 사람의 그리스도교 신자로서 그것이 가능함을 확신하고 있다. 왜냐하면 인류의 집단적 완성이 결코 무의미하거나 부조리한 사건이 아니라 빠루시아적인 신의 왕국 건설의 전제조건이라고 생각하기 때문이다. "그것은 필요한 전제조건이지 충족 전제조건은 아니다."[1] 떼이야르는 그리스도교 계시의 어떤 요소를 받아들이지 않고 오직 순수한 과학적 현상론의 테두리 안에서 자신의 사상을 전개하고 있다. 이때 그는 빠루시아, 즉 세계 종말에 있을 그리스도 재림에 관하여 언급하지 않고도 인류 진화의 종국점을 논하기에 이른다.[2] 우리는 단순히 인간의 힘(인간 진화의 자연적 결과)으로 진화의 마지막 임계점, 즉 인류 성숙의 종국점을 통과할 수 있다는 사상이 떼이야르의 견해라고 생각하기 쉽다. 이렇게 생각하면 우리는 떼이야르의 사상을 전혀 오해하게 될 것이다. 빠루시아에 관한 그리스도교의 계시를 고찰한 떼이야르의 논문들을 살펴보면 이 점에 관하여 모호한 것은 없다. 인류 진화의 종국점은 단순히 진화의 자연적 결과가 아니다. 그것은 초자연적인 힘의 지배를 받아서 생겨난 하나의 사건이다. 다시 말해 인간 진화를 위한 집단적 노력만으로는 빠루시아가 도래하지 않는다.

떼이야르의 진화사상에 의하면, 인류가 최대의 성숙점에 도달하는 것은 그리스도 재림의 충족조건이 아니라 필요조건이다. 이러한 견해에 따르면 인간 성숙의 궁극점과 그리스도 재림은 존재의 차원이 다르지만 실제로는 동시에 일어나 단일한 사건으로 귀착된다.[3] 왜냐하면 세계가 성장의 종국점인 종말에 도달할 때까지 그리스도는 재림하지 않을 것이기 때문이다. 세계가 그리스도 재림을 위해 충분히 진화하고 준비될 때까지는 그리스도가 재림하지 않을 것이다. 떼이야르는 여기에 관하여 "세계가 사회적·정치적·심리적으로 그리스도를 영접할 준비가 되었을 때에 비로소 그리스도가 탄생할 수 있었던 것"과 같은 이유라고 말한다.[4]

떼이야르는 세계의 종말에 신이 세계에 개입함, 즉 빠루시아가 무상적 은혜로 도래한다는 것을 부인하려 하지 않았다. 그리스도의

---

[1] FM 237(영어판).   [2] FM 120-3; MPN 112-21.
[3] FM 267-8; "Trois choses que je vois" (1948) 4.   [4] FM 267 각주 1; FM 22.

재림은 자연적인 진화력과 인간의 노력만으로는 도래할 수 없다. 빠루시아는 초자연적 사건이다. 떼이야르는 빠루시아가 인간의 진화 과정과 무관한 단독적인 사건임을 부인할 뿐이다. 그리스도의 강생이 확실히 신의 초자연적 개입으로 이루어진 것처럼 그리스도의 재림도 그럴 것이 분명하다. 또 신은 단독적으로 활동하지 않는 것도 분명하다. 강생이 "때가 차서" 된 것처럼 빠루시아도 마지막 때가 차야 도래한다.[5]

떼이야르는 세계 인류의 종말을 떼죽음과 절멸로 보지 않고 하나의 변형으로 본다. "'사고하는 종'(인간)의 종말은 분열과 죽음이 아니라 통일과 공동사고를 통하여 시간과 공간 밖으로 전개되는 새로운 변화와 새로운 탄생이다."[6]

우리는 어떤 천체의 변동에서 오는 대재앙이나 자연적인 격변으로 인해서가 아니라 "정신계의 전체적·내적 내향작용으로 인하여 인류가 종말을 고한다고 생각하고 있다. 그리고 이때 정신계의 내향작용은 최대의 복잡성과 구심성을 지니게 된다".[7] 인류의 종말은 죽음과 유사한 자연적 대재앙이라기보다 차라리 정신적 역전일 것이다. 그러나 그것은 사실상 물질과 역사의 조건들을 초월하는 자유, 곧 "신 안에서의 황홀경"일 것이다.[8] 이와같이 세계는 "내적 생활의 분출"인 황홀경으로 끝난다고 설명하고 또 그렇게 생각하면 충분하다. "광대무변한 이 우주가 어떻게 사라져버릴 것인가를 알려고 골몰할 필요가 없다. 정신은 역전하여 다른 영역으로 들어갈 것이며 세계는 순간적으로 변모할 것이라는 상상만으로 충분하다."[9]

그러므로 세계의 종말은 변화와 재탄생인 동시에 일종의 죽음일 것이다. 그리스도 안에서 이루어질 궁극적인 세계 변형에는 부분적

---

[5] O. Rabut, O.P., *Dialogue with Teilhard de Chardin*, 167.

[6] *FM* 302; *DM* 68; *PM* 287-8.   [7] *PM* 287.   [8] *OE* 6, 57.

[9] *FM* 307에 축역된 "Mon univers" (1924).

인 분열, 요소들의 분산(일종의 죽음)도 포함될 것이다. 세계가 최종적으로 자체에서 이탈하여 변모하고 마침내 전적으로 그리스도와 합치하기 위해서는 이렇게 되어야 할 것이다. 세계의 이탈은 내세로 들어가는 관문이다. 인간 성숙의 궁극점 및 그리스도 안에서 이루어질 만물의 궁극적 변형점은 바로 최종적인 임계점인 동시에 "역전과 이탈의 출발점이다".[10] 세계의 종말에는 "필연적으로 평형의 전복과 정신의 초탈(그 물질적 모태에서 시작되어 결국에 완성되지만)이 따르고 마침내 세계의 종말은 그리스도-오메가 위에 자신의 모든 짐을 맡겨버릴 것이다". 따라서 인류의 임계점은 변형인 동시에 이탈이고 "탈출인 동시에 재현이며 성숙인 동시에 도피다".[11]

떼이야르는 1924년에 쓴 논문에서 빠루시아에 대한 견해를 요약하고 있다. 여기서 표명된 사상은 자기의 후기 저작에서 여러 가지 형식으로 언급되었으나 그 사상 자체에는 변함이 없다.

> 미래의 인간은 인구 증가와 상호관계의 복잡화로 짓눌려 공동능력의 증대와 공동노고의 의식으로 단일의식을 형성할 것이다. 그리고 인류는 이미 예비단계를 거쳤으므로 통일된 정신력, 우주의 거대함, 인간세계의 협소함을 이미 측정할 것이고, 이러한 의식은 마침내 실로 성숙하고 성년다운 모습으로 나타날 것이다. 그리고 이때야 비로소 인간은 진지하고 완전한 인간행위, 신 앞에서 가(可)냐 부(否)냐의 최후 선택행위(자유 및 책임의식을 충분히 가진 사람들이 개인적으로 확인하는)를 할 기회를 가진다고 생각할 수 없을까? …
>
> 시간이 종말이 다가옴에 따라 지구 탈출을 필사적으로 갈망하는 인간의 노력에서 나오는 두려운 정신적 압력이 "실재자(實在者)의 극변까지" 가해질 것이다. 그런데 모든 이가 이 압력을 느낄 것이다. 그

---

[10] "Note sur la notion de perfection chrétienne" (1942) 3.   [11] *PM* 287.

러나 성서는 우리에게 이 압력은 동시에 심각한 분파(더 훌륭한 세계의 지배자가 되기 위해 자신을 이탈하려는 사람과 또 말씀을 받아들이면서 세계와 함께 신에게로 흡수되기 위하여 세계의 죽음을 열망하는 사람들 사이에서 생기는 분파)로 인하여 분열한다고 가르치고 있다. 창조된 세계가 통일되기에 가장 적합할 때 빠루시아가 도래할 것은 틀림없다. 최초의 시간부터 추구해 온 특이한 융화 및 종합 과정이 결국 그 정체를 드러내고 우주적 그리스도는 서서히 성화된 세계의 구름 사이에서 번갯불처럼 나타날 것이다. …

그때는 신과 세계가 하나의 유기적 복합체를 이룰 것이다.

또한 "지고의 존재"는 모든 존재의 소요를 통어할 것이다. 비범한 세계의 모험은 대양의 고요 속에 잠겨 종말을 고할 것이다. 그리고 그 대양의 물방울은 제각기 자신의 존재를 의식할 것이다.[12]

떼이야르는 *Mon univers*(「나의 우주」, 1924)를 쓴 지 25년 후에 "두 신앙의 문제"와 관련시켜 빠루시아를 논하고 있다.

떼이야르는 현대 인류가 당면하고 있는 위기의 근원에는 현실적이나 불필요한 충돌, 즉 현대적 전진의 충동(세계 및 인간의 진보에 대한 신념)과 전통적인 상향의 충동(종교적 경배) 사이의 알력이 있다고 본다. 이 두 가지 충동이나 경향, 즉 전진과 상향의 충동은 현대인의 심중에 도사리고 있어서 서로 화해할 수 없는 충돌같이 생각된다. 떼이야르 사상의 핵심은 전진과 상향이 조화하고 서로 보완하며 타를 지지하여 마침내 종합될 수 있고 또 당연히 그렇게 되어야 한다는 견해다. 그는 인간의 진보에 대한 신념과 그리스도께 대한 신앙이 두 가지 요소로서 하나로 종합될 수 있고 또 종합될 필요가 있음을 밝히기 위해 만사를 종합하는 단 하나의 사건, 즉 그리

---

[12] *FM* 306-8에 축역된 "Mon univers".

스도의 재림을 택한다. 신의 왕국이 완성되기 위해서, 즉 플레로마의 충만이 이루어지기 위해서 인류가 완전한 진화적 성장에 도달할 필요가 있다면 네오-휴머니즘neo-humanism의 입장에서 볼 때 진화에 필요한 초-인간ultra-human의 완성은 모든 그리스도 신자들이 고대하는 "강생의 완성"(재림)과 실질적으로 부합할 것이다.[13] 이것은 진보, 인류의 궁극적인 발전 및 세계 건설을 위해 전진하려는 충동이 인류의 궁극적인 성숙을 통하여 성취된다는 의미다. 이 궁극적인 성숙은 그리스도 안에서 이루어질 최종적 변형의 소재가 된다.

이리하여 진보를 지향하는 인간의 전진운동과 신에 대한 공경을 지향하는 인간의 상향운동은 그리스도의 재림이라는 관점에서 조화하고 통일된다. 두 가지 요소를 지닌 현대인의 노력(전진을 위한 노력과 상승을 위한 노력)은 종합될 것이다.[14]

> 그런데 그리스도교적 상향운동은 인간적인 전진운동과 합체된다. 그러나 전자가 후자 속에 몰입되는 것이 아니라 전자가 후자를 초자연화한다. 그리고 동시에 신에 대한 신앙은 세계에 대한 신앙의 정신을 자체의 정신에 융합되고 순화시킬 만큼 큰 인력과 변화력을 보유할 것이다. … 그러나 신과 세계를, 동시에 또 철저히, 즉 하나를 통하여 다른 것을 믿을 수 있는 가능성을 찾아야 한다. 이 가능성은 현재 외견상으로는 서로 대립되는 듯한 두 힘에 의하여 부득이 나타나고 있지만 그것은 결국 완전히 노출될 것이다. 이때 비로소 거대한 불꽃이 만물을 비출 것이다. 왜냐하면 모든 것을 포함하고 포괄하는 신앙이 나타나거나 적어도 재생할 것이고, 따라서 반드시 이 신앙은 조만간에 전 지구를 장악할 가장 강한 힘이기 때문이다.[15]

---

[13] *FM* 267-8. [14] 「교회헌장」 제1부 제3장 39항 참조. [15] *FM* 268-9.